科学の中の宗教
宗教の中の科学

誰でも知っているような話の先にある、誰も知らない話

村山泰弘

目次

第一章

科学が逆説的に照らしだしている《魂》の話から

ご存じの方も多いと思いますが、私たちの体はおよそ六〇兆個の細胞で作られていて、そうした細胞のほとんどすべてが、誕生してからわずか一〇分から二七日という短時間の中で老化していることを科学は発見しています。そのため私たちの体は、絶えず飲食物を材料として新たな細胞を作り、古い細胞と入れ替え続けているのだと。

老化した古い細胞がどうなるかというと、部屋を掃除したときに出るゴミと同じように捨てられます。ゴミはゴミ袋に入れて捨てられますが、老化した古い細胞は、老廃物として便や尿や汗や垢に混じって体外に捨てられます。それが、私たちの体が生まれた瞬間から死ぬまで行い続けている、新陳代謝という生命維持の仕組みです。

この仕組みは、皮膚でも、筋肉でも、内臓でも、脳でも、骨でも、基本的に例外はなく、全身の細胞の完全な入れ替えに要している時間はおよそ三ヶ月だと言われています。ただ、細胞でできていない骨の場合は、その行われ方が少し違っていて、古くなった骨を溶かしていく破骨細胞と、新たな骨を作り出していく骨芽細胞の連携プレイによって古い骨と新しい骨の入れ替えがなされ、完全な入れ替えに要している時間はおよそ二年半です。

こうした話は科学情報ですが、私たちの多くはそれを科学情報としてではなく、アンチェイジングやスキンケアなどにかかわる美容や健康情報として知っています。

つまり、『私たちの体も皮膚も、常に古い細胞と新しい細胞を入れ替え続けていて、三ヶ月たてば完全にリニューアルするのだから、肌の手入れや食べ物や生活習慣に気をつければ若さは保てるし、取り戻すことも可能なのだ』というような情報として聞いたことがあるのです。

こうした話を聞かされたとき、皆様はどう感じるのでしょう？　なんだか自分の体が、知らないところで必死に健康や若さを保とうと頑張ってくれているようでちょっと愛おしくなったりするのではないでしょうか？

間違っても、知って損をしたというような気にはなっていないはずです。

生命科学の発見の中には、もっと驚くようなことがたくさんあります。そのため私たちは、こうした話を聞いてもさほど気に留めません。それはそれで、面白い発見だとは思っても、遺伝子などの発見に比べれば、単純で表面的なもののような気がします。少なくともそれが、実験室での作業一つで、自然界には存在していない生物や人間の臓器を機械的に創り出すことを可能とし始めた遺伝子工学のように、私たちがそれまで持っていた生命観を、根底から突き崩そうとするような衝撃性を秘めたものであるとは、たぶん誰も思いません。

しかし、真実は違います。

実をいうとそれは、遺伝子の発見などがもたらしたものよりもさらに衝撃的な真実を私たちに突きつけてくる発見なのです。その『衝撃的な真実』というものが何なのかは、私たちが今この場で倒れ、意識を失ったままの状態で二年半の間眠り続け、その後に病院のベッドで意識を取り戻した時のことを考えることによってはっきりしてきます。

常識的に言えば、その時目覚めた私たちは、二年半前に意識を失った自分と同じ自分です。眠りから目覚めた時、そこに目覚めた自分というものが、眠る前の自分と同じ人間であることを疑う人など存在しません。

もしいたとしたら、その人はおそらく頭がどうかしている人でしょう。

しかし、新陳代謝の発見に照らし合わせて検証し直すと事態は一変します。

なぜなら、私たち体の中で起こり続けているこの極めてシンプルな発見が真実だとするなら、私たちが昏睡に陥ってから二年半後に目覚めた時、私たちの体の中には（二年半前に自分の体として存在していたもののすべてが老廃物として捨て去られていて、何一つが残っていないため）自分が二年半前に意識を失った自分と同じ人間であると主張することのできる《物理的な根拠》がどこにも存在していないことになるからです。

その時私たちは二年半前に倒れ、二年半後に目覚めました。目覚めた私たちに、昏睡状態で眠り続けていた二年半の記憶はありません。しかしその間の事は周りの人たちが教えてくれます。周りにいた人たちは、私たちが二年半の間ずっとそのベッドで眠り続け誰とも入れ替わっていないことを知っているからです。

だからこそ、目覚めた私たちを見て、「あなたは今、二年半の昏睡から目覚めたのです」と教え、私たちもその証言と自分の記憶をすり合わせて、「自分は今、二年半の昏睡から目覚めたのだ」と信じるのです。

しかし、その時私たちが目覚めた体が、昏睡状態に陥った二年半前の《自分の体》ではなく、昏睡状態に陥っていた間に、秘かに、別の物質を材料として新たに作り直された、まったく別の体だったとしたらどうでしょう?

もしそうだったとしたら、話はまったく違ってくるのではないでしょうか?

常識的に言えば、そのようなことはあり得ません。しかし、新陳代謝に関する科学の発見に照らし合わせて検証し直すなら、真実はまさに、そのあり得ないものになってしまうのです。

つまり、私たちが二年半の昏睡から目覚めた時、昏睡に陥る前に自分の体であったものはすでにこの世から消え去っていて、その時私たちが目覚めている体は、昏睡に陥っている間に新陳代謝によって、誰にも気づかれないままにまったく別の物質で作られた『まったく新しい別の体だ!』ということになってしまうのです。

だとすれば、その時目覚めた私たちは、本当に、二年半前に存在していた自分と同一の人間だと言えるのでしょうか?

表面的に見る限り、どれほどその二者が同じ人間であるように見えていたとしても、二年半前に《自分の体》として存在していた肉体は、その二年半の間に新陳代謝によって老廃物として体外に捨て去られ、今は完全にこの世から消え去っているのです。

だとすれば、すでにこの世から消え去っている体を自分として生きていた人間と、その後に作り出されたまったく別の体に目覚めた人間が同じ人間であり得るでしょうか？

もしあり得るのだとすれば、過去の自分と現在の自分を《同一の人間》として存在させているものは何だということになるのでしょうか？

それはもはや肉体ではあり得ないのです。

だとすれば、私たちはその時、過去の自分と現在の自分が同一の人間であることの根拠や存在基盤を、いったい何に求めればいいということになるのでしょう？

奇妙といえば、これほど奇妙な話もないのではないでしょうか？


しかもこのことは、二年半以上の昏睡に陥った人にだけに突きつけられてくる問題ではありません。それ以外のすべての人に等しく突きつけられてくる問題でもあるのです。

なぜなら、すべての人の体は眠る眠らないに関係なく、目覚めている間も、眠っている間も、同じように、新陳代謝によって古い体を老廃物として体外に捨て続け、飲食物を材料として作った新しい体と一瞬の休みなく入れ替えられ続けているからです。つまり、私たちの体は誰一人の例外なく、二年半という時が過ぎてしまえば、過去の自分の体はこの世から消え去り、今の体もまた二年半後の世界からは消え去っているということなのです。

そしてそれは、もし自分が、自分の体なしには存在できないものであり、自分という存在は自分の体が消え去れば自動的に消えてなくなる（つまり、死ぬ）と考えているのなら、私たちは今までの人生の中で、すでに何度も何度も実質的な死を経験しながら生きてきていることになるのです。

このことは、誰かの一生を撮影したビデオを、連続再生して見るのではなく、三ヶ月か二年半ごとにコマ送りして見ることによってより分かりやすい形で浮き彫りになっていきます。

そのビデオを早送りで再生していくならば、そこに写っている人は、生まれてから死ぬまで一人の人間であり続けたと言うことはできるかもしれません。なぜなら、そのビデオの映像をどの一瞬で区切ったとしても、その前後に映っている人の二つの肉体には、その肉体が同じものであると主張できる物質としての同一性がほぼ完璧に存在しているからです。

しかし、そのビデオを早送りではなく、三ヶ月か二年半ごとのコマ送りで再生していくと事態は一変します。なぜなら、今度は、そうしてコマ送りで映し出されていくビデオの映像をどの一瞬で区切ったとしても、その前後に映っている人間の過去と現在の肉体には、その肉体が同じものであると主張できる物質としての同一性が完全に無くなっているからです。

しかも、生まれたばかりの赤ん坊と、二歳半の子供は姿形も食べ物も肉体的能力もまったく違っています。二歳半の子供と、二〇歳の若者、二〇歳の若者と一〇〇歳の老人もまったく別の生き物のような姿形に変わっています。そうした姿形の違う過去と現在の肉体の間に、物質的な同一性さえもが何一つ存在していないのであれば、何を根拠にそれらが同じ一人の人間の時間を経た過去と現在の体であると言うことができるのでしょう。

もしそれができると言うのであれば、今度は、自分と他人を別の人間として区別して生きていることへの哲学的な正当性を失うことになっていきます。なぜなら、私たちが自分と他人を区別している根拠の一つは、その二者がまったく別の肉体を持って生きているということだからです。

私たちにとって、自分の存在がすべてです。自分が消え去れば、それと同時に自分以外のすべてが消え去ります。

私たちは何の疑いもなく、その自分というものが、たった一つの肉体を存在基盤として、その肉体が生命を持っている限り、生まれてから死ぬまで変わることのなく存在し続けるのだと信じて生きてきました。しかし自然科学は、私たちのそうした考えを新陳代謝の発見を通して根本から打ち砕いてみせたのです。

私たちは一生のうちに実に多くの飲食物を体内に取り込み、エネルギーや、排泄物として体外に放出します。

私たちが赤ん坊としてこの世に生み落とされたとき、私たちの肉体は母親の摂取した飲食物で作られていました。そしてその直後から、私たちの肉体を作っていた細胞の全ては、老化したものから順に、新陳代謝によって老廃物として体外に捨てられ始め、二年半後の私たちの体の中には何一つが残りません。

その時私たちの体として存在しているものは、その二年半の間に私たちが摂取した飲食物によって作られた新たな細胞であり、骨であり、取り込まれた物質です。

私たちには、五年前、一〇年前、あるいはもっと昔から生きていたという記憶があり、周りの人々の証言があります。だからこそ私たちは、五年前、一〇年前、あるいはもっと遠い昔から生きてきたのだと信じています。

しかしそうした私たちに対して、新陳代謝に関する自然科学の発見は、それを読み解く形而上学（哲学）を通して、『たった二年半前のあなたの肉体と今のあなたの肉体にさえ、物質的な同一性がまったく存在していないというのに、どうして一〇年も二〇年も時を隔てて存在している過去の肉体に、今のあなたが「それは過去の私の肉体だ」と主張することのできるような根拠を見出すことができると言うのか？』と問いかけてくるのです。

しかも三ヶ月前の自分と今の自分の間にさえ、物質としての同一性がほとんど存在しないのだとすれば、数時間の眠りを挟んで目覚める自分と眠る前の過去の自分との間にも、私たちが信じ込んでいる、自己としての絶対的な同一性などというものは存在していないことになってきます。その時、私たちが自分や他人の中に見出している過去と現在を貫いている同一性は、ちょうど目の前を流れる川に見出している同一性とまったく同じものでしかないことになってきます。

目の前の川は、瞬《まばた》きする一瞬前と、一瞬後に見た川は同じものに見えます。しかし川の水は流れているため、それは完全な錯覚であって真実ではありません。それと同じように、私たちの体もまた、細胞レベルで古い肉体を老廃物として体外へ捨て、新しい細胞と入れ替え続けているため、一瞬として同じであったことはないし、二年半を隔ててしまえば、過去の自分に対して、それがかつての自分だと主張することのできる物質レベルでの同一性は何一つ存在しなくなっているのです。

だとすれば、私たちが生まれてから死ぬまで変わることのない絶対的な自己として自らの中に見出し続けている《私》というものの正体とは、《自分》とはいったい何だということになるのでしょう。

少なくとも私たちはそれを、もはや自分の体であると言うことはできないのです。

だとすれば、私たちを、生まれてから死ぬまでただ一人の自分であり続けさせているものとして他に何が考えられるでしょうか？

それが物質で作られている体ではあり得ないとなったとき、もし考えられるとすれば、それは私たちの意識や思惟や心や記憶といったものにならざるを得ません。が、しかし、そう考えた場合も、さらに深く突き詰めていけば、それもまた《生まれてから死ぬまで変わることのない絶対的な自己》ではあり得ません。

なぜなら、記憶は時間の経過の中で絶えず失われたり獲得されたりしながら不可避に変化していくものであり、知性や思惟もまた一瞬の休みもなく変化していて、肉体以上に過去と現在の間に絶対的な同一性を持ち得ず、生まれてから死ぬまで変わることなくたった一人の自分として存在し続けることはできないものだからです。

しかも、私たちは過去の記憶をすべて失ったとしても、あるいは人としての知性や思惟を失ったとしても、自分の中から自分という存在が消え去るわけではなく、記憶を失えば記憶を失って途方に暮れている自分としてなおも存在し続けるし、何も考えず何も思わなかったとしても、何も考えず何も思っていない自分として存在し続けるものだからです。

だとすれば、私たちは再び振り出しに戻らざるを得ないことになります。

『われわれが生まれてから死ぬまで、たった一人の自己として見出し続けている《私》とは、《自分》とはいったい何なのだろう?』と。

もしそれが、あくまで自分の肉体を意味するというのであれば、二年半というサイクルで絶えず自分の肉体の完全な消滅を経験しながら生きている私たちは、生と死を明確に区別する哲学的な根拠を失うことになるだけでなく、社会秩序も完全に崩壊させていくことになります。

それは、私たちが自分の中に見出している《私》というものを、他人の中に見出している《彼》というものに置き換えることによって、より分かりやすい形で浮かびあがってきます。

例えば今、私たちが刑事になって犯人を追いかけ、二年半後に逮捕したとします。普通であれば、犯人を逮捕できて良かったというだけで何の問題も起こりません。しかし、もしこの時、犯行から二年半を経て逮捕された人間に、二年半前に彼の体として存在していたものの何一つが存在していないのだとしたら、その時の私たちは、二年半前に罪を犯した人のいったい何を逮捕したということになるのでしょう?

しかもこの時、二年半という時の流れは、体だけをまったく別のものへと作り替えているわけではありません。生き方も変えれば、考え方もまったく違ったものに変えているかもしれません。かつては無慈悲だった悪人を、慈悲深い善人に、無知で傲慢だった人を、叡知に輝く謙虚な人に変えているかもしれません。かつては略奪の中に生きていた人を、奉仕に捧げられた人生に置き換えているかもしれません。

一瞬一瞬という短い時間のなかでさえ、人の思いや心は大きく揺れ動いています。私たちの世界に、永遠に変わることのない人格や心というものは存在していません。だとすれば、その時私たちは、過去に罪を犯した人の、いったい何を逮捕したと言えるのでしょうか?

そして何より、私たちの中で、生まれてから死ぬまで、変わることのないただ一人の《自分》として機能し、《私》や《彼》や《彼女》として見出され続けているものの正体とは一体何だということになるのでしょう。

私たちは今までそれを、自分の肉体であり、肉体が生み出す意識や命だと思っていました。つまり、自分の存在の実体は物質で作られた自分の肉体を存在基盤としていると信じてきたのです。しかしそれが間違いであることを、現代科学の新陳代謝に関する発見が教えてくるのです。

私たちは誰もが自分が存在していることを知っています。しかし、私たちの誰一人として、その《自分》というものが、どこに、どのようなものとして存在しているのかを、実は誰一人知らないままに生きているのだということを、この新陳代謝の発見は、それを読み解く哲学を通じて突きつけてくるのです。

だとすれば、私たちは再び次の命題と向き合わなければならないことになってきます。「私たちが、生まれてから死ぬまで変わることのないただ一人の《自分》として感じ取っているものの正体とは、いったい何なのだ？」と。

そしてそれが、肉体でも、肉体の生み出している記憶や知性や思惟の働きでもないということになるのであれば、唯物論のなかに立ち続ける限り、その候補となるものをもはやどこにも見出すことはできなくなります。

しかし、唯物論にしがみつかないのであれば、話は違ってきます。

唯物論を無視するならば、私たちはそれを、まったく違うものの中に見出すことができます。それは、『魂』です。

この、肉体の死によっても滅びることのない魂というものが私たちの自己の本当の存在基盤であるときだけ、私たちは、自分の肉体が新陳代謝によって実質的な消滅や、別の肉体としての再生を繰り返し経験しながら生きていたとしても、そうした出来事に一切影響を受けることのないただ一人の絶対的な自分として存在することが可能になっていきます。

とは言うものの、唐突に魂などというものを持ち出して語られる生命モデルは、いかにもうさん臭く、非科学的なものに思えて興ざめしてしまう人もいるかもしれません。

しかし、そうした人たちに一つだけ知っていて欲しいことがあります。それは《魂》や《神》の存在を前提にして語られる宇宙モデルや生命モデルが非科学的なものかと言えば、「必ずしもそうではない！」ということです。

ほとんどの人は信じられないかもしれませんが、それは、ビッグバン宇宙論の生みの親であるアンリ・ルメトールを教え子に持つ高名な科学者アーサー・エディントンが、「現代科学のこうした論争（注・コペンハーゲンを主戦場として、アインシュタイン、シュレーディンガー、ニールス・ボーア、ハイゼンベルクといった世界最高峰の物理学者を二分して繰り広げられていた量子力学論争のこと）から得られるべき結論は、一九二七年頃（注・これは前記の量子力学論争に一応の決着がついた年）より、宗教が《科学的理性》として存在し得るようになったのだと言っても過言でもないだろう」と言ったように、現代科学の金字塔とも言うべき量子力学がコペンハーゲン解釈を通じて形而上学の世界に描き出している、原子モデルや宇宙モデルとも（本質的な部分においては）矛盾しないものでもあるのです（注・コペンハーゲン解釈とは前記の量子力学論争において勝利を治めたニールス・ボーアやハイゼンベルクによって提唱された理論。その中核をなしているのは有名な不確定性原理や相補正の原理。この論争の結果、それまでの輝かしい名声の中からはじき出され、急速に過去の人となっていったのはアインシュタインです。アインシュタインはこの論争に敗北し、その結果、初期の量子力学建設には大きな貢献をしていたにもかかわらず「量子力学を最終的には理解できなかった古いタイプの科学者」というレッテルを貼られて科学の第一線からはは じき出された恰好になり、シュレーディンガーとタッグを組んで、死ぬまでボーアたちに論争を挑みつづけることになりました。しかしその論争における勝者は常にボーア達であり続け、今なお、その正解とされているのはボーア達が唱えたこのコペンハーゲン解釈なのです)。

エディントンはその当時の新聞記者に、「アインシュタインの唱えている一般相対性理論は、これを真に正しく理解できている科学者は、世界に三人しかいないと言われるほどに難解なものだと聞いていますが、この件に関してどのような意見をお持ちですか?」というような質問をされた時、「さて私は、それを理解しているという三人目の科学者(つまり、アインシュタインと自分以外の科学者)が誰なのかが思い当たらない」と答えたことが記録として残っているほどに世界的に名の知られていた科学者です。

そのエディントンが、二〇世紀を代表する物理学の天才たちを一堂に集めて繰り広げられた量子力学論争の中に何をかいま見ていたかというと、それは純粋な物理論争を通して、宇宙の存在基盤として暗示されていく《神》の存在であり、生命の存在基盤として暗示されていく《魂》だったと言っても過言ではないものなのです(この件については、次の章で詳しく紹介していきます)。

こうした宇宙モデルを生み出す量子力学の解釈に対して、アインシュタインや(波動力学を建設した)シュレーディンガーたちは異論を唱え、(二七歳の時に土星型の原子モデルを発表し、量子力学の建設においては終始指導的役割を果たした)ニールス・ボーアや(彼の教え子であり、有名な不確定性原理の提唱者でもある）ハイゼンベルクたちとの間で物理学史に残るような大論争となりました。しかしその結果、破れ去ったのはアインシュタインたちであり、勝利したのは、「いかに真実がわれわれにとって納得いかないものであったとしても、それが真実であるのなら真実として受け入れるのが、真実を探求する科学者の取るべき道である」という態度で量子力学の建設を突き進めたニールス・ボーアたちだったのです。

しかし、ニールス・ボーアたちがこの世を去ると、こうした論争の中で語られていた（エディントンが言うところの、「宗教が科学的理性となり得る」ような）核心の部分は、私たちの目に触れる科学情報の中からきれいさっぱりに姿を消していきました。

それは、量子力学が描き出していく原子モデルや宇宙モデルが、あまりにも理解しがたいものであるため、一般の人々に説いて聴かせたところで誰にも理解できないだろうし、へたに知らせてもいたずらに混乱を招くだけであるからやめておこう、という親心からだという可能性もないわけではありません。

しかし、アインシュタイン以降の物理学の発見というものはすべて、一般の人々には理解できないレベルのものばかりであるにもかかわらず、そうした理論に関する一般向けの解説書の類は掃いて捨てるほど数多く世間には満ち溢れていることと照らし合わせると、どうもそうとばかりも思えません。

考えられる理由は、それがおそらく、真っ当な科学者を自称したい人々にとって《不都合な真実》だからだろうということです。科学の世界であれ、科学以外の世界であれ、《不都合な真実》というものにその世界を支配している力が用意する運命というのは同じです。それは、その事実そのものが、初めから存在しなかったもののようにして、人目につく場所から葬り去られていくという図式です。

これもこの後の章で詳しく書いていくつもりですが、自然科学の世界で、不都合な真実がどのようにして葬られていくかを最も良く物語っているものの一つに、アルフレッド・ラッセル・ウォレスという人物の辿った運命があります。

ウォレスという科学者の名を聞いても、たぶん誰もぴんとこないと思います。なぜなら彼は、存命中は世界に名を轟かせ、イギリス本国から名誉ある勲章を（本人がうんざりするほど）幾つも与えられるほどに高い評価を受けていた科学者であったにもかかわらず、ある瞬間から不都合な真実を口にし始めたため、その死を待って、（二〇世紀後半に再評価されるまで）人目につく科学史の中からはほぼ完全に消されてしまっていた人間だからです。

この件については章を変えて詳しく紹介するので、ここではとりあえず、彼の業績が何にかかわるものだったのかだけ書いておきます。

彼の業績とは、進化論です。

進化論といえば、誰もが知っているのはダーウィンの名です。進化論においてダーウィン以上に有名な人は存在しません。進化論は彼によって提唱され、彼によって完成されたかのように誰もが思い込まされています。

しかし真実は違います。

なぜなら、ダーウィンの進化論と言われているものは、元々ダーウィンが一人で考えついたものではなく、その誕生には、真の生みの親とも言うべき、もう一人の偉大な博物学者が深くかかわっているからです。

その博物学者が、ウォレスなのです。

ウォレスがダーウィンの進化論（自然淘汰説）の真の生みの親であることは、専門家なら万人が認めていることであるにもかかわらず、その名前も、彼が進化論に果たした功績も、今では、一般の人々に向けて語られる進化論の中からは完全に消し去られています。このことは、ダーウィンの名が物理学の天才アインシュタインと比べても引けをとらないほど高い知名度と称賛をもって語り継がれていることを考えれば、極めて異常なことです。

そして問題は、「それがなぜなのか？」ということです。

ウォレスはなぜ、生きている間はダーウィン進化論の生みの親として、ダーウィンとまったく同等の高い評価と称賛を与えられていたにもかかわらず、死の後は、ダーウィンだけが進化論の歴史に輝かしく名を残し、彼の存在は闇に葬られていったのか？

もしその理由が、ウォレスの進化論における功績が、ダーウィンが果たした功績より低くかったというのであれば話は簡単です。

しかし、そうではないのです。

どちらかというとその逆で、近年の専門家たちの研究の中では、「ダーウィンはウォレスから進化論を盗んだのだ」と陰口をたたかれるほどに、ウォレスの進化論への功績は高く評価されているのが真実です。にもかかわらず、今なお、進化論といえばダーウィンであり、ウォレスの存在は誰にも知らされていません。

だとすれば、「それはなぜなのだろう?」と誰もが思うはずです。

理由は簡単なことです。

ウォレスの存在を明るみに出せば、ウォレスを語る上で避けては通れない、ダーウィン進化論の生みの親としてその口から語られた《不都合な真実》をも明るみに出してしまうことになるからです。

その《不都合な真実》とは、ウォレスもまた、自らが生み落とした進化論をより深く探求していった結果、生物の中に魂の存在を、生物を進化させていく自然の営みの中に神の介在を感じ取ってしまったということです。しかしそれは、ダーウィンやウォレスの進化論に飛びつき「世紀の大発見」として世界に発信していた人々にとっては、決して容認できない《極めて不都合なこと》だったのです。

なぜならそうした人々が(それは、産業革命以降急速に力をつけつつあった新興の資本家や、生まれながらに特権階級としての力を持っていたような人々なのですが)その進化論に飛びついたのは、それが科学的な大発見だったからではなく、その進化論が自分たちを、宗教が神の子として求めてくる人間性や有徳の呪縛の中から解放し、もっと勝手気儘に、もっと利己的に、弱肉強食という自然界が定めた生存競争の勝者として、優れた種として、弱者である民衆や他民族を植民地支配しながら繁栄していくことを正当化できるものだったからです。つまりその進化論は、単なる自然科学の学説である以上に、自分を神の子としての足かせから、猿の子孫としての自由気儘さの中に解放してくれる社会思想としての価値をもつものだったということなのです。

したがって、その進化の提唱者が、その進化の中に神の介在を再び持ち込むなどということがあってはならなかったのです。そうなってしまえば、人間は再び、弱者や不遇の人々に対する思いやりや、人間としての有徳性の中で、強者が弱者を一方的に踏みにじり支配するのではなく、強者が弱者を助け、富める者が貧しいものに手をさしのべながら生きていくことを求められることになるからです。

この点において、ダーウィンとウォレスは真逆の立場に立っていました。ダーウィンはそうした人々と立場を同じくするブルジョア階層の出身だったのに対して、ウォレスは、どちらかというとその逆の出身であり、弱者への社会福祉が整備された世界を夢見る人道主義者だったからです。

理由がそこにあったのかどうかは不明ですが、ウォレスを進化論学者、博物学者として極めて高く（ある意味で自分以上に高く）評価していたダーウィンでしたが、ウォレスの「進化を引き起こしているものが神である」というような考えに対してだけは対立しました。ウォレスにしても、それが真実だと感じ始めている以上、自分の考えを変えることはできません。そして、その当然の結果として、ウォレスはダーウィンとは決別します。社会が求めているのは、真実ではなく、自分達にとって都合のいい進化論であることを感じ取っていたウォレスは、自らの進化論を「こんな間違ったもの、私はいらない」とダーウィンに譲り渡して、そうした社会からもダーウィンからも縁を切るようにして別の道を歩むことになったのです。

だからといって、ウォレスが科学者としての道を踏み外したというわけではありません。そうではなく、ウォレスは純粋に（地位や名誉のためではなく、この世の真実だけを追い求める）科学者として生きる道を選んだだけのことです。

そのことによってウォレスの科学者としての評価が地に落ちることはありませんでした。ウォレスの評価は、そんなことがあった後も、死ぬまで、ダーウィンと同等であり、名誉ある勲章を国や学界から与えられ続けました。

ウォレスが死ぬまで尊敬に値する偉大な学者であったという評価はダーウィンにとっても同じでした。それは、「われわれが生み出した進化論には重大な誤りがある」として決別していったウォレスに対し、その後何度も「あなたの惨めな友人より」という文章で末尾を結ぶような手紙によって、もう一度考え直すように頼んでいることが教えてくれます。

しかし、その後二度とウォレスがダーウィンと和解することはありませんでした。

ダーウィンとウォレスの進化論科学者としての決定的な違いは、ダーウィンにとっての進化論が人を神の子としての呪縛から解き放つための武器という一面を持っていたのに対して、ウォレスにとっての進化論は、神や宗教に対する自分の考えとは無関係に（ウォレスが自分のことを「過激な社会主義者」と自称していることから推測すれば、元々有神論者であったとは考えにくいことです）、純粋にこの世の真実を明らかにするためだけの手段に過ぎなかったということです。

ウォレスも一時的に、ダーウィンと同じように、「人はただ単にパンツを履くことを覚えた猿の新種にすぎない」というような進化論に思い至りました。しかし、その進化論をさらに深く、独自に探求していった結果、それが間違いであったことに気づきました。そして、それを口にすれば我が身に降りかかることが目に見えていた批判や圧力を恐れることなく、「それがどれほど不都合なものであったとしても、それが真実であるならば、真実は真実として受け入れるのが、真理を探究する科学者の取るべき道である」として、「われわれが生み出した進化論には重大な間違いがあった」と公言し始めたのです。

ウォレスの気づいた「間違い」とは、生物の進化を引き起こしているものが弱肉強食などの単なる自然現象ではなく、「科学の道を少し進むと神から離れるが、さらに究めればこれに回帰する」というパスツールの言葉に象徴されるような、そうした自然現象のより深遠な領域に隠されている《科学によっては未だ認知されていない力》だということです。

もしそうだった場合、進化論は、「すべての生物は、より下等な生物から進化してきたものであり、人間も例外ではない」という部分はそのままにしながら、結論だけは、「人間は猿から進化してきたのだから、神の子などではなく、単に進化した猿にすぎない」という当初の主張とは真逆のものになってしまいます。そのあたりの詳しい話はこの後の『第六章』ですることにして、その前に、量子力学について知っておいて欲しいことがあるので、次の章ではそのことについて書くことにします。

第二章

量子力学と神

今、あなたの周りにはどんな風景が広がっているのでしょう?

あなたはこの本を読んでいるのですから、当然目の前にはこの本があります。本には、あなたの手が添えられていて、その手はあなたの体の一部です。あなたの手があなたの体の一部であるように、あなたも、あなたが読んでいるこの本も宇宙の一部分であり、その周りに広がっている風景もまた宇宙の一部です。

私たちは宇宙全体を見ることはできず、私たちに見ることができるのは常に宇宙の一部だけです。しかも、その宇宙は、時間や空間や物質でつくられていて、目に見えるのは物質で作られている部分だけです。

そこで、あなたに質問があります。

その質問とは、「今あなたが見ているもの(本や、その本を持つ自分の手、その周りの世界、自然や宇宙といった物のすべて)は、あなたが目を閉じて見ていない時も、そこにあなたが見ていたとおりの物として存在し続けているのでしょうか?」ということです。

なぜこんなおかしなことを尋ねるかというと、この地球上には七〇億を越える人間が存在していますが、その中の誰一人として、自分が世界を見ていないとき世界がどうなっているのかを知っている人はいないからです。

この問い掛けに対して、おそらくすべての人が、「もちろん、私たちの見ている世界は、私たちが見ていないときも、私たちが見ていた通りのものとして存在しているに決まっている」と答えたはずです。なぜならそれは、誰がどう考えても、それ以外には考えられないことだからです。それでもなお私が、「しかし、それは本当に、そうなのでしょうか？」と重ねて問いかけたとしたらあなたはどう感じるでしょうか？　おそらくあなたは、まともに答える気にもならないくらい馬鹿げた質問をする人間だと感じ、呆れてしまい、これ以上は関わりたくないと思うことでしょう。

しかし、実を言うとそれは（あなたが科学を信じているのなら）間違いなのです。なぜなら、この、誰がどう考えても「馬鹿馬鹿しくて話にならない！」と呆れてしまうしかないような質問を、真に科学的な質問にしてしまったのが量子力学だからです。

量子力学が登場するまではおそらく、誰一人として、「物質というものは、客観的実体を持って実在しているものであり、私たちが見ていようが見ていまいが、変わることなくそこにそのまま実在し続けているものである」ということを疑ったり、異論を挟んだりする人はいなかったはずです。

しかし、その、誰がどう考えても頭がどうかしているとしか思えないような主張（もっとはっきり言えば、『私たちが見ている世界は、私たちが見ていないときには、私たちが見ていたようなものとしては存在していない』という主張）が、ある時期を境に、量子力学という自然科学の到達点においてされ始めたのです（量子力学についてある程度の専門知識を持っている人のために誤解なきようにあらかじめ補足説明しておきますが、これは『ミクロの世界では飛び飛びの不連続生の位置や量しかとれないものが、マクロの世界では近似値として現れるため私たちの目には連続的な姿をとっているように見える』という類の事を私が勘違いして言っているのではありません。そうしたものとはまったく別次元の話です）。

このようなことを言うと、「そんなおかしな話は聞いたことがない」と、疑いの目を向ける人もいるとは思いますが、これは本当の話です。

それは本当の話ですが、そのことを皆さんが知らなかったとしても、それは当然のことです。なぜならそのことは、大学などの専門教育の場でも、一般の人々を対象として書かれた量子力学の解説書や教養書のなかでも、ある種のタブーのようにして、触れることを徹底的に避けられ続けているものだからです。したがって、量子力学や最新の宇宙論に興味を持って何冊もの解説書を読んでいるような人でも、そのことを正しく知らないのは当然なのです。

しかしそれは決して物理学における都市伝説のような怪しげな話ではありません。そうではなく、アインシュタインやニールス・ボーア、シュレーディンガーやハイゼンベルクという二〇世紀を代表する物理学の天才たちによって、歴史に残る大論争が繰り広げられた結果、量子力学についての『正しい解釈』として今日に生き残っているものなのです。

ではなぜそのような物理学理論が一種のタブーのようにして、一般の人々の目から隠され続けているかというと、それがあまりに信じられない話であることと、それが今のところ『正しい』と認めざるを得ないことではあったとしても、本当に正しいのかどうかの決着はまだついていない（その論争は今も秘かに続いている）話であり、不用意に公言してしまえば人々に与える影響があまりにも大きく、社会に無用の混乱を起こす恐れもあるものなので、今しばらくは、高度に専門的な物理学の抱える特殊な問題として量子力学者だけの胸の奥にしまい込んだまま、もう少し様子を見ておこうと考えられているからです。

もっともこの見方は、最大限の善意の目で見た場合の話です。もっと正直な見方をすれば、それがおそらく、この世に神など存在するわけがないとかたくなに信じている科学者や、この世にいまさら神など存在して欲しくないと考えているような人たちにとっては、決して公言するわけにはいかない《不都合な真実》だからです。

これから紹介しようとしているのは、現代のハイテク社会を根底から支えている量子力学についての話です。

量子力学について語ろうとすれば、当然、『量子力学とは一体なんぞや？』という話から始める必要がでてきます。

量子力学とは、一言で言えば、原子よりさらに小さな物質を取り扱う物理学です。ではなぜ、そうしたミクロの物質を量子などという奇妙な名前で取り扱っているかというと、物質というものが原子より小さくなってしまうと、もはや私たちが現実の世界に見て、理解している、物質としてもエネルギーとしても取り扱えなくなることがわかってきたため、物質やエネルギーに代わる新たな概念を持つ素粒子（それは物質であると同時に波でもあるという奇妙なものですが）としての名称を与えて取り扱わざるを得なくなったからです。もっとも、量子という概念の誕生は、原子などのミクロの物質を研究する物理学の現場ではなく、溶鉱炉の温度変化の異常な（それまでの科学理論ではあり得ない）現象の研究過程での出来事なのですが、そこにまで話を広げるとややこしくなるのでここでは割愛して（この話は別のところでします）話を先に進めます。

量子というものが何であるか？　を、一言で説明することは不可能なので、とりあえず最初は、すべての物質の原料となっている極小の物質だと考えてください。それで問題はないので。

量子力学以前の科学の世界で、極微の物質として取り扱われていたのは原子です。なので、原子の話から始めます。

皆さんご存じのとおり、すべての物質は原子で作られています。逆に言えば、目に見えないほど小さな原子が寄せ集まって目に見える大きさになったものが物質です。

私たちが知っている最も馴染み深い原子モデルというものがあるとすれば、太陽の周りを回っている惑星のようにして、一個の原子核の周りを回っている電子という図で描かれているものです。

この原子モデルは、後に量子力学の建設にもっとも重要な役割を果たすことになるデンマークの物理学者ニールス・ボーアが、二七歳の時、イギリスの実験物理学者ラザフォードと共同で発表したものです。量子力学の建設にはアインシュタインもかかわっていますが、最終的な段階でニールス・ボーアと激しく対立し、そうして始まった歴史に残る量子力学論争に敗北した結果、量子力学の世界からは立ち去っていきました。しかしそのことは、彼にとっても、科学の発展にとってもマイナスにはなりませんでした。なぜなら、そのことによって、アインシュタインは量子力学の悪夢を振り払おうとするかのように自身が提唱した一般相対性理論の完成に向かって全勢力をつぎ込んでいき、大きな成果を上げることになったからです。

量子力学も相対性理論も、現代物理学を根底から支えている最も重要な理論です。しかし、現代社会への貢献度で言えば、量子力学のほうが遙かに上で、相対性理論の比ではないほどに重要な位置を占めています。その量子力学が引き起こした大論争は、このニールス・ボーアとアインシュタインの二人を中心に繰り広げられ、アインシュタインは完璧なまでに破れ去りました。アインシュタインの相対性理論は、誰にも気づけなかったこの世の秘密を解き明かした理論として有名ですが、量子力学が明らかにしたこの世の秘密に比べれば、やはり、量子力学の方に軍配が上がるものです。

したがって、ニールス・ボーアの科学者としての天才も、成し遂げた科学的業績も決してアインシュタインのそれを下回ってはいません。にもかかわらず、アインシュタインの名が近代科学最大の天才として知れ渡っているのに対して、ニールス・ボーアの名を知っている人はほとんど存在しません。量子力学論争の紹介においてさえ、破れ去ったアインシュタインやシュレーディンガーの意見の方が大きく取り上げられ、ニールス・ボーアの提唱した理論の方は、まるで焦点をぼかし、意図的にミスリードするような極めて曖昧な紹介に終始しています。

問題は、「それがなぜなのか?」ということです。

結論だけを言えば、それが現代の《良識ある科学者》を自称しているような人々にとって死守しなければならない『唯物論（もっと分かりやすく言い換えるなら無神論）』を一瞬にして打ち砕く力を持ったものだからです。アインシュタインの相対性理論は、それがどれほど不思議なこの世の真実の開示であったとしても、唯物論そのものには何の影響を与えません。しかし、ニールス・ボーアが唱えた量子力学の解釈は、もしそれが正しいのであれば唯物論を完全に葬り去ってしまいます。したがって、唯物論が正しくなければならないと考える科学者にとっては、それを真に正しい物理学理論として紹介することはできないのです。

ではどういう紹介のしかたならできるかといえば、「量子力学論争の勝者はニールス・ボーアであり、今のところ、ニールス・ボーアの量子力学への解釈が間違っていると言うことはできない。しかし、だからと言って正しいと決まったわけでもない。なぜならそれはあまりにもあり得ない話であり、それを間違ったものであると言う批判は常に存在しているものだからである」という紹介のしかただけです。しかしそうした物言いの本質は、真実の隠蔽であって、この世の真実を探求する科学者のやるべき事ではないはずです。

（蛇足ながら、皆さんはかつて日本中を震撼させたオウム真理教事件のとき、その信者に東大などのトップレベルの大学で物理学や化学や医学などを学んだ理系の学生やＯＢが多くいたことを覚えてはいないでしょうか？　そしてあなたはその時、『なぜだ？』と感じたのではないでしょうか？　しかしそれに対する納得のいく答はどこからも得られなかったはずです。少なくとも、私が知る限り、この問題を取り扱ったマスコミ関係者たちは、誰一人としてこの疑問に納得できる答を提供する事はできませんでした。だからといって、誰もその理由を知らなかったわけではありません。明らかに知っている人たちはいました。ただ、そうした人たちは知っていても言えなかっただけです。なぜ言えなかったのかと言うと、それは彼らが、一般の人々に対して《不都合な真実》として隠し続けてきたことだからです。そのため結局この問題は、受験勉強しかしてこなかった彼らの抱えていた人としての未熟さや愚かさが引き起こしたことだと結論づけて幕が下ろされました。しかしそれでもなお、多くの人は、問題の本質がそこにだけあるのではないことを本能的に感じ取って何か釈然としなかったはずです。実際、そうした考えは間違っています。この問題の真の本質はそこにだけあったわけではありません。それとはまったく別のところにもう一つの大きな根が隠されています。そのことを、この事件を報道したキャスターも評論家たちも見抜くことはできませんでした。なぜなら、そうした人たちは文系の人たちであり、宗教や社会や教育を論じる学識はあったとしても彼らと同レベルの物理学の知識は持ち合わせていなかったからです。彼らと同じレベルの物理学の知識を持っている者だけがこの問題の本質を見抜くことができます。しかしそれが科学者である場合、彼らはそれを口にすることはできません。なぜならそれを口にするということは、彼らが一種のタブーのようにしてずっと隠し続けてきたことを自らの口から公言することになるからです。彼らが隠し続けていたこととは、「現代科学の到達点には、様々な形で神の落とす影のようなものが暗示され始めている」ということであり、「科学をとりまく世界の住人たちはそれを正しく人々に知らせるのではなく、その事実を隠蔽する方向で対処している」ということです。オウム真理教は明らかに間違った宗教です。それは私が知る限り、インドの宗教聖典が、霊性修行者の陥りやすい罠として警告していることのすべてに嵌まりながら邪教の教えの餌食となった、まるで教科書のような例です。したがって、彼らが宗教というものに対してあまりにも無知で、人としても未熟で、愚かであったというのは間違いのないことです。それでもなお、その邪教に彼らがなぜ、絡め捕られていったのかは、ある程度理解できます。それは彼らが、「現代科学の到達点には、様々な形で神の落とす影が暗示され始めている」ということと、「社会はそれを正しく人々に知らせるのではなく、その事実を隠蔽する方向で対処している」ということを知っていたという事です。だからこそ、科学の到達点に描き出されてくる、科学が認めることのできない宇宙モデルと同じような宇宙モデルが、原始仏教の教えの中にあることを教え、それを密教的な秘儀に統合してみせることのできるカリスマと出会った結果、見入られてしまったということです。しかし、それは彼らが、オウム真理教の教えが完全に間違った邪教のそれであることを見抜けず、一人のカリスマの命じるがままに非道な罪に手を染めたことの言い訳にはなりません。なぜなら、それは、彼らがもう少し、人間的に有徳で知的に成熟していれば避けられたことだからです。日本ではほとんど知られていませんが、世界的に見れば量子力学以降の科学の世界では、インドの聖典ヴェーダやヴェーダーンタ、それを教えの源としている仏教や禅の真に深遠なところで開示されている宇宙論に対して、ノーベル賞を狙えるようなトップレベルの物理学者や生命科学者が興味を持って僧や聖者達と対談し、科学の世界から退いてチベットの山奥にある寺院で修行僧としての人生を歩み始めるような人たちも少なからず存在しているにもかかわらず、そうした人々はオウム真理教の信者たちのような過ちに手を染めてはいないからです。そうした科学者の一例として、アインシュタインたちと同世代の物理学者オッペンハイマーを上げることができます。オッペンハイマーはしばしば《原爆の父》と称されるように、第二次世界大戦中のアメリカにおいて、アインシュタインたちを率いて原爆を開発した当時世界最高峰にいた原子物理学者ですが、彼は核実験成功時の新聞記者の取材に対してバガヴァッド・ギータという聖典の一節を引用して答えるほどにヴェーダ及びヴェーダーンタを深く学んでいたことが知られています。バガヴァッド・ギータはヒンドゥ教における神の教えが網羅されたものですが、だからといって、オッペンハイマーが元々そうした神的なものに惹かれるタイプの人間であったかというと、そうとも言い切れない部分があります。なぜなら彼は、原爆の開発に指導者としてかかわっていたとき、共産主義（当然それは無神論を基盤にしています）に傾倒していたふしがあるからです。そのため彼は、原爆の開発によって母国の勝利に大きく貢献したにもかかわらず、その後に対ソ関係の悪化によってアメリカに吹き荒れた悪名高い『赤刈り』によって公職を追放されています。彼がどの程度共産主義に傾倒していたかは定かではありませんが、彼の教え子には、アインシュタインが「私の知的息子」と呼んで高く評価していたデヴィッド・ボームという量子物理学者がいて、ボームは第二次世界大戦中の一時期共産党に入党していました。そのため終戦後に非米活動委員会の尋問を受けることになり、その中で突きつけられた「お前が師事しているオッペンハイマーはどうなのだ？」という質問に対して返答を拒否したため、彼はアメリカを追われ、オッペンハイマーも公職を追放されることになったのです。

そうしたことから、オッペンハイマーは、無神論的立ち位置から量子力学を通じて有神論に傾き、ヴェーダ及びヴェーダーンタの教えに惹かれていったと推測することができます。つまり、量子力学には、それを学んだ科学者に神の実在を暗示する何かが隠されているということです。しかし、それでも真に人間的に成熟した科学者は、神や宗教への信仰に目覚めることはあってもオウム真理教のような邪教の教えに正義を見出し、愚劣なテロに走ることはありません。そういう意味において、彼らは人としても科学者としても愚かすぎたと言うしかありません。しかしそれでもなお、彼らには同情すべき点もあることはあるのです。なぜなら、本来、そうした人々の受け皿となるべきものはまともな宗教であるべきはずなのに、現代の日本には、第二次世界大戦に国民を絶対服従させる原動力として宗教が利用された反省から、すべての宗教が社会の中で形骸化されて、今では完全に生命力を失ってしまっているからです。そうである以上、彼らのように「現代科学の到達点には、様々な形で神の落とす影が暗示され始めている」ということと、「社会はそれを正しく人々に知らせるのではなく、その事実を隠蔽する方向で対処している」ということを知っていた人々が、神の実在を本気で説き、その証明を宗教的な秘儀の中で見せつけることのできるカリスマに出会ったならば、一気に彼に心酔させられていったとしてもなんら不思議な話ではなくなるからです。つまり、問題は、彼らの側だけに一方的にあるのではなく、社会の側にも同等のものとしてあるということです。少なくとも、それが現時点でどれほど不都合な真実であったとしても、原発の問題に象徴されているように、将来起こる可能性のある問題を真に解決できる唯一の道は真実の開示であって、真実の隠蔽ではないということだけは確かなことなのです。…話が脇道にそれたので、量子力学に戻します。

もし科学者が、原子を純然たる物質として取り扱おうとすれば、ニールス・ボーアが今からちょうど一〇〇年前に提唱した土星型の原子モデル以上に適切な原子モデルを描くことは出来ません。この原子モデルにしたがえば、原子は原子核と電子という二つの物質と、その間にある空間の組み合わせで作り出されていることになります。

空間は取り出して調べることが出来ませんので、原子の研究は当然、原子核と電子の研究とイコールになります。そして、原子核より、電子の方が研究対象として身近で、取り扱いやすいため、原子の研究はまず電子について進んでいきました。

しかしその結果として明らかになった電子というものは、「それは確かに、質量と運動速度を持って存在しているのだけれども、どこかの一点に、一個の物質としての実体を持って存在しているのではなく、原子核の周りのある一定の空間全体の中に、〈確率の霧〉としてしか記述出来ないような抽象的存在として潜みながら、観測された瞬間に電子としての姿をとる」というような、あまりにも奇妙で理解しがたいものだったのです。

しかもこの電子は、一個だけを核外に取り出して、二つある隙間のどちらか一方を通過させたとすれば、一個でありながら、両方の隙間を同時に通過したとしか考えられない現象を引き起こすような、信じがたいものでもあったのです。

一般の人々にとって、アインシュタイン以降に伝え聞く物理学理論や発見というものは、ほとんどすべてが、理解しがたいほどに難解で奇妙なものばかりなので、こうした話を聞かされたとしても、何となくわかったような気になって聞き流してしまいがちですが、これをもし、科学の権威のお墨付きがない状態で、誰かが、一般の社会に向かって主張したとすれば、一〇〇パーセント間違いなく「彼は気が狂っている！」として、誰にも相手されなかったに違いないものです。

なぜなら、私たちはこの現実の世界に、確率という抽象的な位置しか取り得ないような物質を見たことも無ければ、一枚の板に開けてある二ヶ所の隙間を同時に通り抜ける一個の物質などというものが存在しないことも知っているからです。

しかし、電子を研究しているまともな科学者たちは、誰一人として、このありえないはずの主張をしてくる物理学理論を否定できないのです。なぜならそれは、電子が引き起こしてみせる様々な現象を科学的に検証する限り、「正しい」と誰もが認めざるを得ないほど理論と実験結果が一致した（正しいと考えざるを得ない）ものだからです。しかも、電子の奇妙さは、そうしたものだけにとどまるものではなく、調べれば調べるほどに、そうした〈奇妙さ〉よりも、もっと信じがたい、自分の正気を疑わざるを得なくなるほどの奇妙さを持つものだということが次から次へと明らかになり続けているからです。ただ問題は、なぜ電子というものが、そのような奇妙なものとして存在しているのかについては、誰にも「説明もできなければ、理解も出来ない！」ということだけなのです。わかっているのは、ただ、「電子とはそういう存在なのだ」と割り切るしかないということだけです。


電子がそうした奇妙さに満ち溢れた存在であるように、その電子を自己の一部として持っている原子もまた、調べれば調べるほどに、理解しがたい奇妙さに溢れた存在であることがわかってきました。

例えば、その中には次のようなものがあります。

原子とは、簡単にいってしまえば、手に持った一枚の紙を二枚に、二枚を四枚に、四枚を八枚にと破きながら小さくしていくように、科学者たちが目の前の物質を科学的な手法と理論で、細かく、より細かくより分けていき、それ以上分割できない（その時点での）基礎物質として発見した、最小の物質です。それはあまりに小さすぎて目に見ることはできませんが、それが、ただ単に物質をそれ以上分割できないまでに小さくしていっただけのものなので、それは当然物質であるはずです。

しかし、奇妙なことに、このただ単に〈極めて小さい〉というだけの物質でなければならないはずの原子を研究していた科学者たちは、研究を進めていけばいくほどに、原子というものから物質としての実体を見失っていったのです。

原子を研究する過程で明らかになった〈奇妙さ〉というものの一つには、次のようなものがあります。

原子を物質として取り扱おうとすれば、前記しておいたように、一個の原子核の周りを回っている電子と、その間にある空間で構成されていることになります。この場合、原子の大きさは、電子の回転によって確保される空間の大きさとイコールになります（注・後に原子内の電子は、一個の物質として扱うことは出来ず、一個の物質としてではなく「一個の原子核をとりまく軌道上の波」として扱うしかないことがシュレーディンガーの波動力学などによりわかってきましたが、これは、「すべての物質が物質であると同時に、非物質的な波動でもある」ということが明らかにされた量子力学以降の話になってしまうので、その結論に至る話を進めているここでは、とりあえず、電子を一個の粒子として話を進めます。ちなみに、電子を波として扱った場合は、その波のおよぶ範囲が原子の大きさだということになります）。

この時問題になるのは、原子全体の大きさに対して、空間と原子核と電子の大きさの占める比率です。なぜそれが問題になるかというと、私たちの世界には様々な物が存在していて、そのすべてが一部の隙間もなく物質で埋めつくされたものとして存在しているからです。

私たちの足下には大地があり、その大地には木や植物や石や岩、行き交う人々や車や建物や動物が存在し、そのすべては目で見る限り隙間なく埋めつくされた物質として存在しています。そうである以上、そうした物質を作り出している極微の材料である原子というものも、原子全体の大きさに対して原子核と電子を合わせたものの大きさは、原子核と電子を合わせたもの（つまり物質の）の大きさが全体のほとんどすべてであり、空間の占める大きさは極めて小さなものでなければならなくなります。

もしそうでなければ、そんなスカスカの原子という材料がどれだけ数多く寄せ集まったとしても『一部の隙間もなく埋めつくされた物質』などというものは、この世のどこにも存在できないことになってしまうからです。

しかし、信じられないことに、物理学が突き止めた原子の正体というものは、まさにこのあり得ないはずのものだったのです。物理学が導き出した、原子の中にある空間の大きさと、原子核と電子という物質を合わせたものの大きさの割合は、空間がほとんどすべてであって、原子核と電子は「まったく確認できないほどに小さい」というものだったのです。それを、具体的な数字でいうと、全体的な原子の大きさに対する原子核と電子を合わせたものの大きさの割合は、〇・〇〇一％より遥かに小さいのです。

そして、問題はまさにそこなのです。

私たちは、目を開ければあたりまえのように、物質で作られた世界を見ることができます。物質で作られた自分の体を見ることも出来れば、他人の体を見ることも出来ます。

しかし、自然科学が突き止めた原子モデルが正しいのであれば、自分の体も他人の体も、その体と言う形をとっている空間の中に存在している物質の量は（言い換えれば、それらの中にある原子核と電子の総量は）、すべてを合わせたとしても針の先ほどの大きさにもならないことになるのです。つまり、私たちの体は、針の先ほどもない大きさの物質を、自分の体に存在している原子の数に砕いて、自分の体として存在している空間の中に『均等に散りばめただけのもの』という奇妙なことになってしまうのです。

もし針の先ほどの大きさのものを、目に見えない原子核レベルの大きさになるまで小さく砕いて、それを私たちの体の大きさの空間に均等にばらまいたとしたらどうなるでしょうか？

もちろん、私たちの目には何も見えません。つまり、「現代科学の発見にしたがって言えば、私たちは、絶対に見えるはずのない物質で作られた世界を見ながら生きている」ということになるのです。

私たちは、原子が目に見えないほど小さいということは理解しています。そして、いくら目に見えないほど小さな原子でも、数多く集めて大きな固まりにしていけば、当然ある大きさ以上になった時点から目に見えるようになると考えています。

普通に考えれば、それは当然そうなるはずです。が、そうはなりません。なぜなら、原子が、原子核とその周りを回っている電子と空間の組み合わせでできている以上、その原子がどれだけ数多く一ヶ所に寄せ集まって巨大な物質を作り出したとしても、それが私たちの目に見えるための条件は、一個の原子の中に存在している、原子核と電子を合わせものの大きさと、その間にある空間の大きさの比率を考えた場合、原子核と電子を合わせた大きさが全体の大きさのほとんどすべてであり、残る空間の大きさの占める割合は確認できないほど小さい場合だけだからです。もしそうでなければ、一個一個の原子そのものがミクロの太陽系のような広大な空間に浮かぶほんの僅かな物体だということになってしまうため、そんな原子がいくら大量に寄せ集まって巨大な固まりを物質として作り出したとしても、膨大な空間の中に散りばめられた確認不可能なほど僅かな物質という構図が変わることはないため、私たちの目に見える物質などというものは絶対に作り出せないことになるからです。

その比率が、〇・〇〇一%より遥かに小さいなどということであれば、もはや論外です。そんな原子の集合体として生み出される物質が、私たちの目に見えるなどということは絶対にあり得ませんし、触って、その存在を確かめるなどということも、絶対に出来ないことになってきます。

しかし奇妙なことに、私たちは現実に、見えるはずのない物質の姿を見、触れるはずのない物質に触ったりしながら生きています。

だとすれば、私たちが見て、触って、その存在を確かめている物質や、物質で出来ている世界というものは「何だ？」ということになるのでしょうか？

原子モデルの方が間違っているというのなら話は簡単です。しかしそれは、何をどう調べなおしても間違いは見つからず、科学的には「正しい！」と認める以外にないものなのです。

だとすれば、それはどういうことになるのでしょう？

量子力学が導き出している答は簡単なことです。それは、私たちが見て触っている物質というものは、実在ではなく、「見て、触ることのできる幻影だ」ということです。誰にも信じられないことかもしれませんが、量子力学は、「それが真実だ！」と告げているのです。

なぜそうなるかを解説するために、電子の話に戻ります。

電子は、近年の物理学がミクロの物質として最も詳しく調べてきたものです。その結果電子の持つ様々な性質が解明され、私たちの生活を一変させるような様々なハイテク機器が生み出されてきました。電子レンジ、電子計算機（コンピュータの和訳）、電子メール、電子辞書、電子書籍といったように、その名前は日常生活の中にも溢れていて、ほとんどすべてのハイテク機器がこの電子というものを様々な形で利用することによって機能しているものです。

電子は、原子核と共に原子を構成する粒子であり、原子内に何個存在するかによってその原子の化学的性質をほぼ決定します。

電子は直接目で見ることはできませんが、その存在は簡単な実験によって確かめることができます。それは電子をはじきだして写真に使う乾板などの上を通過させるというものです。その実験を行えば、電子はエネルギーを持っているので、乾板の上に電子が通過した証拠となる軌跡を残すと理論上考えられます。そして実際にその実験をすると、予想された通りの結果がでます。つまり、乾板の上に、通りすぎていったであろう電子の軌跡が、地面に向かって打ちつけられたボールがバウンドしながら通りすぎていくような点々として残されるのです。

量子力学以前の科学者たちにとってこの結果は、目に見えない電子が乾板の上を通過して行ったことを証明するものでした。つまり、その時、確かに電子というミクロの物質が存在し、それがそこを通りすぎたからこそ、その軌跡が乾板の上に残されたのだと考えたわけです。

しかし、量子力学は、そうした考えに対して「違う！」と異論を唱えてきたのです。その考えは「完全に間違ったものである」と。

量子力学は、その時そこに電子が、エネルギーと質量を持った一個の目に見えない物質として、乾板の上を通りすぎて行ったことを証明するような現象が起こり、それが科学の信頼できる実験によって確認されたことは一〇〇％認めます。

しかし、だからといって、そこに「電子が一個の物質として実在していたのだ」というような考えに対しては、「それは何ら科学的根拠を持たない、非科学的な思い込みにすぎない」と告げてきたのです。

現代科学における量子力学（厳密に言えば、量子論）はその時そこに、「電子が、エネルギーと質量を持った一個の目に見えない物質として実在していたことを裏付けるような物理現象は起こった。がしかし、そこに電子という物質は実在していなかった」という驚くべき立場をとったのです。

では、もしそこに電子が実在していなかったのだとすれば、「そこに電子が実在していたことを証明するような実験結果を引き起こしていたものの正体は何だったのか？」というと、それは、「あたかも、そこに電子というミクロの物質が実在していたかのように信じ込ませる物理現象が、量子力学者が便宜上「量子場」と呼ぶしかないような、非物質的な《場》と《場》の間に絶えず働く相互作用の、まったく一時的な結果のようにして顕れていたにすぎない」と結論づけたのです。

しかもそれは、その実験の中で観測された電子だけに限ったことではなく、この世に存在すると考えられているすべての電子に言えることであり、電子以外の素粒子と呼ばれるようなミクロの物質のすべてに言えることなのだと量子力学は告げてきたのです。

それはつまり、「この世に物質などというものはどこにも存在していない」ということであり、存在しているのは、私たちが見たり、触ったりしている間だけ物質としての姿をとっている、「物質という姿をとった幻影なのだ」と言うことなのです。

原子は素粒子によって作られ、物質は原子によって作られています。したがって素粒子が実在していないのだとすれば、原子も存在せず、物質も存在せず、物質によって作られている宇宙も存在していないことになります。

そして量子力学は、「そうだ」と言っているのです。

しかしこのことは、私たちに向けられた科学の本には（くどいようですが）一切正しくは紹介されてはいません。

しかし、「素粒子も原子も実在しない」というのは科学の到達点に位置する量子力学が教えていることなので、その主張の紹介を完全に避けて通ることはできません。その結果、彼らがとる唯一の解説は、「ミクロの世界と、マクロの世界では、まったく違う自然の法則が働き、物質はまったく違う姿をとっているようだ」というような、驚くべき場当たり的な詭弁でお茶を濁して、その問題を終わらせているのです。

しかしこれが、自然科学として許されざる破綻の上に成り立っている解説であることは多少なりともまともな知性を持つ人には明らかなことです。なぜなら、自然そのものの中に『ミクロコスモス』と『マクロコスモス』などという異なった世界は存在していないからです。『ミクロコスモス』と『マクロコスモス』という異なった二つの世界は、自然の中に存在しているのではなく、私たちの概念の中に思想として存在しているだけです。

したがって、「ミクロの世界と、マクロの世界では、まったく違う自然の法則が働き、物質はまったく違う姿をとっている」などというようなことは原理的にあり得ず、ミクロの世界で発見された真実はそのまま、マクロの世界に隠されている未だ発見されていない真実であることになります。

しかしそれでもなお、量子力学が私たちに突きつけてくるこうした事実から目をそらしていた人々は、あくまで、こうした子供だましのようなその場凌ぎの解説で自分自身と大衆を欺きながら、「これは、原子の世界を研究し始めてまだ間もない自然科学の世界に、過渡期特有の知的混乱として一時的に起こっているもので、自然科学がこの先、より根源的な真実の解明に突き進んでいけば、いずれはすべてを矛盾なく説明できる理論や発見がもたらされるはずだ」というような希望的観測をちらつかせることによって、人々の興味をできるだけこうした問題から遠ざけておこうとするような態度に終始しているのです。

しかし、そうした人々の夢見ていた『いずれはこうした問題のすべてを解決することのできる物理学の発見や理論の完成』というものは一向に現れる兆《きざ》しはなく、逆に、『唯物論の居場所をなくしてしまうような、自然のあるがままの《奇妙さ》を浮き彫りにしていく発見と理論が登場し続けているだけだ』という皮肉な現実が存在しているだけなのです。

そのあたりの事情を理解するためには、量子力学の生い立ちについても少し知っておく必要があるような気がするので、これからそのことについて少し触れてみることにします。

すでに書いた通り、量子力学とは、原子より小さな物質を取り扱う物理学です。しかし、だからといって、量子という言葉が、《原子よりも小さい物質》という意味を持っているかというとそうではありません。量子という言葉が持っている概念は、どう頑張っても一言で説明できません。なぜならそれは、私たちが実際に見たり体験したりして知っていることの範疇にはないものだからです。

例えば、通常の物理学で使われる言葉は（エネルギーであれ、時間であれ、距離であれ、物質であれ、強さであれ、大きさであれ、固さであれ、磁力であれ）その言葉を聞いただけでイメージできるものです。なぜそれらがイメージできるかというと、それらは、私たちが生きている世界の中に存在するものだからです。

しかし、量子という言葉が持っている概念をイメージできるものは、私たちが現実として生きている世界の中には『見たり、体験したり、感じ取ったりできるもの』としては存在していません。したがって、『量子とはこういうものである』というように説明できないのです。しかしだからといって問題はありません。

なぜなら、量子という言葉が本来どんな意味を持っているにせよ、結果的に、量子力学は原子より小さい物質を取り扱っている物理学なので、量子を原子より小さな物質のことだというように理解していたとしても、『それが決して物理学的な正解ではないのだ』ということさえ知っていれば、私たちが物理学の専門家でない以上何の問題もないことだからです。

量子というまったく新しい概念を科学の世界に持ち込んだのはマックス・プランクという物理学者です。マックス・プランクはその革新的な概念を持った言葉を、原子などのミクロの物質を研究する過程ではなく、『溶鉱炉の熱が高まっていくとき、その熱の発する光の強さが連続的にではなく、飛び飛びの値で不連続に強まっていく』という奇妙な現象の合理的な説明のために考え出しました。

一九世紀末のドイツで発見されたこの現象は、それまでの科学理論（古典物理学）ではまったく説明できないものでした。科学者たちを悩ませていたこの問題を解決するために、プランクが仮説として考えついたのが、それまでには存在しなかった《量子》という概念だったのです。この時プランクが考えついて量子の概念を一言でいうと、『ある振動数の電磁波（光）のエネルギーは、ある定数（プランクが突き止めたものなのでプランク定数と呼ばれ、その後の物理学にとってもっとも重要な定数の一つと位置づけられているもの）の整数倍の値しかとれない』というものです。つまり、「エネルギーは連続的に変化する」というそれまでの科学の常識を完全に覆す「エネルギーは飛び飛びの値しかとれない」というまったく新しい理論がプランクによって提唱されたわけです。

この時プランクが量子という言葉に込めた意味は、「連続的な量の変化ではなく、こうした飛び飛びの量をとるエネルギーの固まり」というようなもので、《原子より小さなミクロの物質》とは何の関係もないものでした。しかし結果的にこの理論は、《原子より小さなミクロの物質》

が隠し持っている本質の重要な一面を言い当てているものだったため、この理論（量子仮説）の登場をきっかけに、その後の物理学はミクロの物質の解明を驚異的なスピードで突き進めていくことなったのです。そして、その成果の総体が今量子力学と呼ばれているものです。

最初、プランクが量子という概念を物理学の世界に持ち込んだことから始まった量子力学ですが、最終的に量子力学の中に描き出された量子というものの全体像は、元々プランクが提唱した量子の概念とはまったくかけ離れたものになってしまっています。

したがって、「量子とはなんぞや？」ということを考えるときも、プランクが最初に量子という言葉に託した本来の意味ではなく、単純に「原子より小さな物質の総称」と考えた方が、正しくはないものの、より間違ったイメージに陥りにくいものになるので、その方がいいような気がします。

今でこそ量子力学は、相対性理論と共に、現代物理学を根本から支えている最も重要なものであり、その理論への扉を開いたプランクの名もまた極めて有名ですが、彼が量子という考えを発表した時、それはあまりにも革新的な理論であったため、ほとんど誰にも理解されなかったし、相手にもされませんでした。

しかしそれは、意外なことに、当時の物理学界の権威の外で、まったく無名の特許局の技師として生きていた一人の天才によって注目されました。その天才こそがアインシュタインです。

アインシュタインはその理論を、それ以前に現象だけが発見されていて、なぜその現象が起こるのかが謎のままだった『光電効果』の説明に応用できると考え、五年後にその論文を他の二つの論文と併せて発表しました。そのうちの一つが、あの有名な相対性理論です。アインシュタインはその時の論文が評価されて後にノーベル物理学賞を受賞しましたが、ノーベル物理学賞の対象となったのは相対性理論ではなく、プランクの量子仮説を光に当てはめることで「光は波であると同時に、エネルギーを持った粒子（言い換えれば物質）である」として『光電効果』を説明したものです。

したがって、量子力学の扉はマックス・プランクによって開けられ、アインシュタインもその初期の建設には深くかかわっていたということが出来ます（しかし、量子力学がより高度に建設されていく過程で、プランクもアインシュタインも『量子力学を理解できない科学者』として量子力学の中から弾き出され、自他ともに認める量子力学嫌いになり、量子力学を批判する側に身を転じています。くわえて言うなら、この二人の関係においても、自身の仮説を基にしてアインシュタインが唱えた「光が粒子である」という説に対して、プランクは極めて懐疑的だったことが知られています）。

アインシュタインによって明らかにされた、この〈光の持つ粒子性と波動性〉は、その後ルイ・ドブローイの研究によって、それが光に限ったものではなく、すべての物質にも言えることが明らかにされていきました。つまり、すべての物質が、物質であると同時に非物質的な波としても存在しているということが突き止められたのです（補足説明・これは物質が「ある時は物質という姿をとり、ある時は波という非物質としての姿をとる」ということを意味しているわけではありません。「物質であると同時に物質ではなく波であり、波であると同時に波ではなく物質である」ということを意味しているのです。つまり、私たちは物質を姿形を持った物質としてだけ見ていますが、それは、物質の真の姿ではないということです。なぜなら、それは姿も形も持たない波でもあるからです。しかし私たちは、物質を物質としてしか見ることはできません。それがなぜかというと、私たちの肉体に備わっている、目という物質を観測するための装置が、物質の二つある側面の一方だけしか観測できないようにあらかじめ自然によって設定されているからです。すくなくともこれが量子力学の主張です）。

その後、この理論はシュレーディンガーによって波動方程式を持った波動力学へと発展していきます。量子力学におけるシュレーディンガーの名は、波動力学の構築者としてより、後にアインシュタインとタッグを組んで、量子力学論争上最も有名な「シュレーディンガーの猫」という思考実験をニールス・ボーアやヴェルナー・ハイゼンベルク、ヴォルフガング・パウリに対してぶつけたことで知られています。しかしこの論争のなかで勝者となったのはニールス・ボーアたちであり、破れ去ったのはシュレーディンガーやアインシュタインたちです。

量子力学はここに名前の上がった、近代物理学史に不滅の名を残す七人の天才たちによって築き上げられてきた物理学理論です。その流れの中で、プランクは一九一九年に、アインシュタインは一九二一年に、ニールス・ボーアは一九二二年に、ドブローイは一九二九年に、ハイゼンベルクは一九三二年に、シュレーディンガーは一九三三年に、ヴォルフガング・パウリは一九四五年にそれぞれノーベル物理学賞を受賞しています。

ノーベル物理学賞そのものは、毎年必ず一人ないし複数の人が受賞していくもので、その全員の功績が金字塔として科学史に残されるものではありません。しかし、この七人の功績はいずれも、この先永遠に科学史のなかで語り継がれていくような傑出したものです。

しかし、量子力学が彼らの前に真の超越性を見せつけ始めたとき、アインシュタイン、シュレーディンガー、プランク、ドブローイという四人の天才達が、ニールス・ボーア、ヴェルナー・ハイゼンベルク、ヴォルフガング・パウリとの間で繰り広げられた量子力学論争の結果、自らの手で建設してきたはずの量子力学の中から、「最終的には、量子力学を理解できなかった古いタイプの科学者」として、はじき出されてしまう結果に終わっています。

これが何を意味するかというと、量子力学というものが、それほどまでに「誰にも信じられない原子モデルや宇宙モデルを描き出してみせる物理学理論だ」ということです。

この先を読み進むにあたっては、くれぐれもそのことを念頭に置いておいて下さい。でないと、何の肩書も持たない私がそのことについて言及すると、「こいつは、頭がおかしいんじゃないか」と首を傾げただけで終わってしまう可能性が大きいので。

量子力学を語る上で避けては通れないのは、一九二六年から一九二七年にかけて繰り広げられた大論争の結果勝利し（論争そのものは、それ以前から存在し、その後も続いていますが、おおむねその時の論争のなかで決着はついています）、それ以降の量子力学の標準理論となったコペンハーゲン解釈です。しかし、量子力学を紹介する話や書籍等のなかで、最もその核心部分の紹介を避けられているのも、このコペンハーゲン解釈です。

それがなぜかというと、これが、『あまりにも信じがたい理論』であり、『認めがたい理論』だからです。

コペンハーゲン解釈を絶対に認めようとせず、「その考えは間違っている！」と死ぬまで攻撃し続けた科学者として最も有名なのはアインシュタインです。アインシュタインは量子力学の初期の建設に貢献した科学者でありながら、コペンハーゲン解釈の台頭を期に徹底した量子力学嫌いになり、量子力学を批判することはあっても、その後一切量子力学を評価しようとはしなくなりました。しかし量子力学は、現代科学のもっとも強力な武器としてその後も存在感を増し続け、その結果アインシュタインは《未来を切り開く天才物理学者》としての求心力を急速に失っていきました。

アインシュタインは、その後、様々な科学者と組んで思考実験を企画し、「量子力学の理論に従えば、これこれこういう状況の下ではこれこれこういう現象が起こることになる。しかしそれは絶対にあり得ないことであるため、量子力学は根本的な部分で、何かが間違っていることになる」と攻撃し続けました。

アインシュタインが不世出の天才であることを物語るように、そうした思考実験も見事なものであり、その思考実験の中で起こると予測した出来事に間違いはありませんでした。しかしそれでもなお、アインシュタインは「量子力学を理解できなかった古いタイプの科学者」というそしりを免れません。なぜなら、アインシュタインの思考実験は正しかったにもかかわらず、彼がその時「あり得ない！」と断言した現象が、実際この宇宙のなかで起こっていることが、その後の科学によって確認されているからです。

アインシュタインだけでなく、量子力学に大きく貢献したシュレーディンガーを含めた多くの科学者が、コペンハーゲン解釈を「間違っている」と攻撃してきました。しかし、その都度、逆に、その問題提起のなかで自らの正しさを証明されながら生き残ってきたのはこのコペンハーゲン解釈の方なのです。

にもかかわらずコペンハーゲン解釈の最も核心的な部分は、未だに、一般の人々の目に触れない物理学世界の極めて専門的な扉の奥深くに封印され続けているのです。

なぜなら、コペンハーゲン解釈は唯物論者にとっては極めて都合の悪いものだからです。しかしそれは、彼ら自身が、唯物論を正当化するための最も強力な武器としてきた科学理論の最高峰のものなので、簡単に否定することはできません。もし否定したいのであれば、新たな科学理論によって「間違っている！」ことを証明するしかありません。

そして実際それは、常にそうした人々によって攻撃され続けてきました。しかし、そうした攻撃のすべてが、その後のより進んだ科学の検証によって、「間違っていたのはコペンハーゲン解釈を『間違った理論だ！』と批判した人々の方だ」と退けられてきました。しかしそれでも、そうした攻撃は後を絶ちません。そして、常にそうした攻撃は、コペンハーゲン解釈そのものよりも大きく取り上げられるのです。なぜなら、そうした攻撃を続けている限り、それはコペンハーゲン解釈を、「こうして常に議論の対象となっているほどに怪しげなものなのだ」と印象付けることができるからです（注・こう書いてくると、アインシュタインが無神論者であったかのような印象を与えるおそれがあるので、そのことを補足しておきます。アインシュタインは、一般的には無神論者であるような印象を持たされていますが、実は、彼はその言動のなかで「宗教のない科学は目が見えないのと同じであり、科学のない宗教は手足が不自由なことと同じである」として、科学と宗教に同等の存在価値を認めていたことを暗に示したり、量子力学論争においても「量子力学が初期において大きな成功を収めたからといって、基本的なところで神がサイコロ遊びをしているなどと認めることはできないのです」と、神の概念を持ち出して批判しているように、シオニストとして神への信仰を持っていたことが伺えます。彼の量子力学批判は、他の科学者とは違い「神の復権」への恐れからではなく、量子力学が暴き出しているこの世界の隠し持っている真の超越性〈ミクロな物理的世界が偶然と確率、不確定性と非因果性に支配されているということ〉に対する「納得のいかなさ」であったということができます）。

量子力学の誕生から一世紀近く経った今、コペンハーゲン解釈は最新の量子論を基に、「私たちの宇宙には、いかなる物質も、物理的なエネルギーも実在していない」と告げてきます。

では何が実在しているかというと、実在しない物質やエネルギーや物理現象といったもののすべてをあたかも実在しているかのような幻影として生み出している『意識に近いような（人知によっては計り知れない）何ものか』です。そしてそれは、現実と見分けのつかない世界をコンピューターグラフィックとして描き出していくものが、コンピューターの内部で働いている姿も形もない0と1の組み合わせによる膨大な情報でしかないように、宇宙の創造・維持・破壊者として働いているものも、姿も形も持たない確立の霧といった姿をとったまま、絶えず相手を変えて実在を生み出すダンスを躍り続けている無数の数字や数式からなる情報網のようなものであり、《人知を超越した絶対意識》という神を思わせる何ものかの介在が落とす影なのです。

しかし、一般の読者に向けたどんな量子力学の解説書を読んだとしても、そう書いてあるものは存在しないはずです。

しかし不思議なことに、コペンハーゲン解釈を批判する項目には突然そうした記述が登場したりするのです。例えば、ある本の中には、コペンハーゲン解釈を批判する項目の見出しとして、「過去六〇年にわたって（注・その本が出版されたのは一九九八年です）《コペンハーゲン解釈》は量子力学を支配してきた。『ミクロの世界に実在は存在しない』というボーアたちの見方を物理学者たちはただ信じ込んできたのだ。だが今その〝洗脳〟はとけ、新たな量子力学の解釈が浮上している…」と。書かれています。しかしその本の、コペンハーゲン解釈を紹介するページには、過去六〇年にわたってコペンハーゲン解釈を物理学者が信じてきたことも、それが『ミクロの世界に実在は存在しない』と教えてくる理論であることも、一切書かれてはいません。にもかかわらず、コペンハーゲン解釈を批判する項目になるとそれは、それは突然出現してくるのです。

皆さんには、このことの意味しているものがお分かりでしょうか？

それは、コペンハーゲン解釈を紹介する欄でそのことを書けば、それがコペンハーゲン解釈の自然科学の世界での正しい評価や主張の紹介となってしまうのに対して、それを「間違っていることがわかった！」と主張する文脈の中で紹介すれば、「自然科学の世界にも、こんな馬鹿なことを信じていた時代もあったのだ」という印象を読者に与えることに成功するということです。

しかしこうした批判は、その記事から伝わってくる量子力学を葬り去りたいという執筆者の思いとは逆に、量子力学が誕生した瞬間から今日に至るまでずっと（この本が出版されてから一五年が経った今なお、コペンハーゲン解釈が否定されたなどという話はどこからも聞こえてきていません）これ以上に信頼しうる物理学理論は存在していない理論として現代科学を支配しているものであり、その主張が「ミクロの世界に実在は存在しない」と主張しているものであることを教えてくるのです。

以下は、そのコペンハーゲン解釈についての解説です。

コペンハーゲン解釈は主に四つの主張からなっており、まず第一は、アインシュタインが、「基本的なところで、神がサイコロ遊びをしているなどと認めることはできない」と噛みついた、《ミクロの世界では、物質は、どこにどのようなものとして存在しているかを言うことのできる一個の実在としてではなく、誰にも、それが今この瞬間に、どこにどのようなものとして存在しているかを言うことのできない、ある範囲内の確率としてしか存在していない》というものです。そしてその、《確率》という姿をとっているものが、客観的な実在であるかのような《物》として姿を現すのは、『私たちがそれを観測することによってである』と。

これを、（誤解も批判も恐れずに）もっと分かりやすく言い換えると、私たちの目の前に猫が存在しているとき、その猫が私たちの見ているような猫として存在しているのは私たちが見ているときだけであって、私たちが見ていないとき、それがどのようなものとして存在しているかは誰にもわからないのだ、ということです。

これは、厳密に言えば、これから後に紹介する、他の三つの主張（物質という存在に隠されている、粒子と波の二重性についてボーアが述べた《相補性の原理》・物質の位置と速度を同時かつ、正確に測定することはできないという《不確定性原理》・観測という行為が無ければ何も知り得ず、観測を行えば観測される対象物に重大な影響を与えるため、観測の結果として得られた情報は観測の対象物の真実の情報ではあり得ないという理論）を含めた全体像のなかで言うべきことなのですが、この時点でも言えることなのでこの時点で言っておきます。

ミクロの物質が、どこかの一点に一個の物質として存在しているのではなく、どこに存在しているのかを誰にも言えない「確率としてしか存在していない」という量子力学の発見は、これだけでも十分、とんでもないものです。

しかしこうしたことは、これから以降に紹介していくものも含めて、理論だけが先行している架空のものではなく、実際に実験で確かめられて「真実だ」と判断されている物理学理論だということをくれぐれも忘れないでおいてください。

量子力学の言っていることにどれほど納得がいかなかったとしても、誰もそれを否定できません。なぜなら、量子力学は首尾一貫した理論であり、コンピュータの集積回路を完璧に支配する理論であり、私たちの社会に提供されているほとんどすべてのハイテク機器を生み出している科学技術の基礎理論であり、現代化学、生命科学、最先端の医療さえも支えている理論だからです。

したがって、パソコンがパソコンとして機能し、テレビがテレビとして映像を映し出し、そのテレビをリモコンで操作でき、ビデオがハードディスクに映像を記録し、デスクにダビングし、携帯電話が携帯電話として機能していることのすべてが、量子力学の正しさを証明しているのです。

ただ誰も、量子力学が描き出している原子モデルや宇宙モデルを、自分の常識や理性の中では理解できないだけなのです。

こうした理解しがたい量子力学に対して、科学者達が今までどのように付き合ってきたかは、朝永振一郎氏らと同時期に電子量子力学を完成させ、一九六五年度にノーベル物理学を受賞したリチャード・ファインマンが世界のトップに立つ量子力学の専門家として語った言葉が良く物語っています（ファインマン・ダイアグラムという図式は、ファインマン・ルールという計算式に基づいて描いていくと、あらゆる素粒子の振る舞いをとてもシンプルに表すことができるものとして有名です）。

彼は冗談まじりで、よくこう述べたと伝えられています。

「差し障りなく言うなら、誰にも量子力学は理解できない。しかし、だからといって何の問題があろうか。あるがままに、事実と観測結果を受け入れよ。それが役立つ限り、誰が気に留めようか」と。

コペンハーゲン解釈の第二の主張は、「物質は、物質であると同時に、非物質的な波である」というものです。

「しかし、物質が隠し持っているこの二つの相反する姿を（一枚の紙の裏と表を同時に見ることができないように）同時に観測することはできない。物質がどちらの側面を観測者にみせるかは、観測者がどんな観測装置を使うかによって決まる」「光の回析は、光が波だと仮定することによって最も上手くいく。一方、光電効果は、光を粒子だとみなすことによって説明できる。しかしこの二つの事実はお互いを排除し合うため、一つに統合することはできない。にもかかわらず、この二つは、観測される対象物にとっては欠くことのできない相互補完的な（つまり相補的な）ものであり、その本質的要素なのである」と。

第三の主張は、有名なハイゼンベルクの《不確定性原理》です。これは、物資の位置と運動量（速度）を同時に正確に知ることは不可能であるというものです。

ミクロの物質の、位置と、運動量は、単独になら正確に計ることができます。しかし、位置を正確に計ろうとすれば、運動量が正確に計測できなくなり、運動量を正確に計ろうとすれば位置を正確に知ることができなくなります。この理論を二三歳の時に唱えたハイゼンベルクは、その事実が導き出す結論としてこう述べています。

「われわれがある時点での世界の描像全体を知ることは、原理的に不可能である」と。

第四は、「自然についての観測者無しの記述は意味をなさない」というボーアの主張です。

例えば、私たちが素粒子と呼ばれるようなミクロの物質を観測しようとしたとします。その時私たちは、その物質に少なくとも一個の光子（つまり、最低限の光）を当てなければなりません。その物質に光子が当たって跳ね返ってきたときだけ、私たちはその物質を観測することができるからです。しかし、ミクロの物質にミクロの物質である光子を光速でぶつけてしまえばその結果として、その物質の位置と運動量は乱されてしまいます。したがって、そうして観測した結果は、物質の真実を教えるものではあり得ません。

このことについて、ボーアは「われわれが原子を見ていないとき、それはどうなっているのか?という問いの意味を失わせる」と断言しました。その時私たちは、「自分の行った観測によって、現実となり得る無数の可能性の中から一つだけを選び出している」ということになってしまうのだと。

以上のことを十分頭に入れた上でこの先は読み進んでください。これから、こうした量子力学に関するあらゆる思考実験の中で、最も有名な、『シュレーディンガーの猫』というものを紹介していきますので。

『シュレーディンガーの猫』という話は、一九三五年の出版物で初めて登場したもので、アインシュタインがシュレーディンガーとタッグを組んで、「だから、量子力学は間違っているのだ」ということを理論的に証明しようとした、量子力学の理論が引き起こすパラドックスを浮き彫りにするための思考実験です。しかし、二人の思惑とは裏腹に、その思考実験が投げかけた問題は八〇年近くが経過した今なお誰にも解決できないまま、ホーキングが、「シュレーディンガーの猫の話を聞くと、私は自分の銃に手を伸ばしてしまう(注・そう主張する相手を思わず殺したくなるか、自分が自殺したくなるかのどちらかの意味と思われる)」と漏らしているように、すべての良識ある科学者にとって混乱と苦悩の種になっているものです。

なぜなら、その思考実験の導き出している結論は、常識的に考える限り『あり得ないもの』であるにもかかわらず、物理学的（厳密に言えば物理哲学的）に見る限り、『現実として起こっているること』だと考えざるを得ないことだからです。

『シュレーディンガーの猫』の思考実験に登場するのは、猫と、猫を閉じ込めた金属製の箱。平均して二時間に一個の原子が崩壊する一定量の放射性元素。原子が崩壊するとそれを関知して青酸カリの入ったビンを割ってしまう装置の四つだけです。

この思考実験にはいる前に、皆さんが知っておかなければならないことは、「平均して二時間に一個の原子が崩壊する放射性元素を一定量置いていた場合、その放射性元素のなかの最初の一個の原子がいつ崩壊するかは完全に確率としての偶然に左右され、一時間が経過した時点で最初の一個が崩壊している可能性は完全に五〇パーセントだ」ということです。したがって、一時間が経過した時、箱の中の原子が崩壊して青酸カリの入ったビンが装置によって割られ、猫が死んでいるのか生きているかの確率は半々であり、中を見ない限り誰にもわかりません。

以上のことを踏まえた上で、いよいよ思考による実験が始まります。

この思考実験に、難しいことは何一つありません。

それはただ、一時間が経過するのを待って箱を開け、中の猫が死んでいるのか生きているのかを調べるだけでいいのです。

一時間を経過した時、その一時間という時間のどこかで箱の中の放射性元素の最初の一個が原子崩壊している確率は完全に五〇パーセントです。もし崩壊していればそれを関知した装置によって青酸カリの入ったビンが割られるため、中の猫は死んでいるし、まだ一個の原子も崩壊していなければ猫は生きていることになります。箱の中の放射性元素が原子崩壊するかどうかを決めるのは五〇パーセントの確率の中にある偶然だけです。

どのような方法を用いても、人為的に崩壊させたり崩壊させなかったりすることはできません。このことは、中の猫が死んでいるか生きているかは、箱を開けて中を見ない限り絶対わからないことを意味しています。だから、実際に箱を開けて中を見てみようとしているだけのことです。どうでしょう？　簡単な話でしょう。

この実験のどこに、アインシュタインを含めた物理学史に名を残す天才達のすべてを混乱させ、八〇年経った今もなお誰一人にも解決できないままに持ち越されているような、途方もない問題が隠されているというのでしょう？

皆さんにはお分かりになるでしょうか？

もしわかっているとすれば、この問題に関する限り、あなたは量子力学を建設してきた物理学者達と同じレベルの天才だということです。

この命題に潜む問題点を分かりやすくするために、この思考実験の鍵を握っている、放射性元素を使った装置を、量子力学をまったく無視して取り扱うことのできる別のものに変えて考えてみることにします。

この思考実験の中に設けられている、放射性元素の原子崩壊を関知して青酸カリのビンを壊す装置は、一時間が経過した時、五〇パーセントの確率で猫の生死を決定するものなので、その装置の代わりに、一時間が経過した時、一枚のコインを空中に投げて、表がでれば青酸カリのビンを割り、裏がでれば青酸カリのビンは割らないという装置に変えても、一時間が経過して箱を開けたときの、中の猫が死んでいるか生きているかの確率は五〇パーセントでまったく変わらないことになります。そして、その実験装置は窓のない鉄の箱に入っているため、箱を開けてみない限り、中の猫が生きているのか死んでいるのかがわからないという点もまったく同じです。

だとすれば、この二つの実験の間に、何か根本的な違いはあるのでしょうか？

皆さんはどう思いますか？

実をいうと、実験結果だけを問題にするのであれば、この二つの実験の間に根本的な違いは何一つ存在しません。双方の実験は、共に、二分の一の確率で、中の猫が死んでいたり、生きていたりするだけです。したがって、問題の核心はそこ（つまり、実験結果）にはありません。

この思考実験の中で、誰にも解決できない最大の問題となっているのは、箱を開けて中の猫を見たときではなく、箱を開けて中の猫を見なかった時にあるのです。

ちょうど一時間が経過した時、箱の中の猫がどうなっているのかを考えてみましょう。

まず、コインを投げて猫の生死を決める装置の方から考えてみます。

一時間が経過した瞬間にコインは投げられ、出た目によって、青酸カリの入ったビンは割られているか、割られていないかのどちらかなので、中の猫も死んでいるか、生きているかのどちらかです。私たちはその箱をまだ開けていないので、中の猫が生きているのか死んでいるのかはわかりませんが、それは私たちが知らないだけで、中の猫の生死はすでに決定しています。

つまり、コインのどちらの目が出たにしても、中の猫は、死んでいるか、死んでいないかのどちらかだということです。

次に、量子力学論争の中にシュレーディンガーが持ち出してきた、放射性元素を使った思考実験の方を考えてみます。同じように一時間が経過したとき、「中の猫がどうなっているか？」についてです。この場合、放射性元素が原子崩壊している確率は五〇パーセントなので、中の猫が生きている確率も五〇パーセントであり、死んでいる確率もまったく同じ五〇パーセントです。そして、猫が死んでいるのか生きているのかは、箱を開けてみない限りわかりません。

ここまでは、コインを使った実験と同じです。違うのはここから先です。

コインを使った実験では、この時箱の中の猫は、私たちが箱を開けて見ていない状態でも、すでに生死は決定しています。

しかし、放射性元素を使った実験の場合そうはなりません。

放射性元素を使った実験のなかではどうなるかというと、一時間が経過したとき、箱を開けて中を見れば猫が死んでいるか生きているかのどちらかですが、箱を開けない限り、中の猫は、生きているのか死んでいるのかを（量子力学の理論上）決定できないことになるのです。

私たちはその時、猫の入っている箱を開けなければ、猫がどうなっているのかを知り得ません。コインを使った実験のときは、それは私たちがその状態を知らないだけなのに対して、量子力学の実験においては猫そのものが《生きている自分》と、《死んでいる自分》のどちらの状態としても存在できないのです。ではどういう状態で存在しているかというと、《生きている自分》と、《死んでいる自分》を半々の確率の中に溶け込ませた状態で存在しているということになるのです。

コインを使った実験でも、放射性元素を使った実験でも、一時間が経過したとき、中の猫が死んでいる確率と生きている確率はまったく同じ二分の一の五〇パーセントです。しかし、この二つの実験においては、猫の生死を決定する《確率》の持つ意味合いがまったく違っているのです。コインを使った実験の場合、中の猫の生死が決定するのは、一時間が経過してコインが投げられた瞬間だけです。しかし、放射性元素を使った実験においては、箱が閉じられた瞬間から原子崩壊が確実に起こる二時間後までの、すべての瞬間において、サイコロは投げられ続けていることになり、その生と死を振り分ける目の出る確率だけが徐々に〇から一〇〇パーセントに向かって変化し続けていることになるため、一時間が経過した時、中の猫が生きている確率と、死んでいる確率は、コインの裏表のように二分の一ずつ独立して存在しているのではなく、確率という霧の中に溶け込んだような状態で存在していることになるのです。

つまり、コインを使った実験では、猫の生死を決める五〇パーセントの確率というものが、猫を、《生》と《死》に振り分ける確率であるのに対して、放射性元素を使った実験の中にある、猫の生死を決める五〇パーセントの確率というものは、その時の猫の存在としての本質そのものが、『生と死を五〇パーセントずつ持ったもの』であるということになるのです。

ちょうど、「ミクロの物質が、物質であると同時に波としても存在している」というのと同じように、その時の誰にも見られていない箱の中の猫は、「《死んだ自分》と《生きている自分》を確率という霧の中で五〇パーセントずつ溶かし込んだような状態で存在している」ということになるのです。

そしてその、相反する二つの状態で溶け合っている猫は、私たちが見た瞬間に、そのどちらか一方の猫が相反する状態のもう一方の猫を自分の存在の中に吸収するか排除することによって、一〇〇％実在している猫として姿を現しているということになってくるのです。

この結論を盾にシュレーディンガーは、「しかし、猫は同時に生きていたり死んでいたりできない。だから、量子力学は間違っている」と攻撃してきたのです。

「人が見ていようが見ていまいが、どの時点をとっても、箱の中の猫は《生きている》か《死んでいる》かのどっちかであるはずだ」と。

しかし、それに対してボーアは、「いや違う！」と断言しました。

「量子力学においてそのような言明は意味をなさない」と。

これはもっと分かりやすく言い換えるなら、「それがあなたの、常識や理性に照らし合わせた結果として、どれほど納得のいかないおかしなことであったとしても、それが、量子力学という自然科学の到達点において明らかにされた、この宇宙にとっての真実である以上、文句を言ったところで何の意味も持ち得ない」ということです。

そして実際、その時から今日まで、一貫して、常識や理性はシュレーディンガーの意見を支持し続けているのに対して、物理学の実験結果から導き出される物理学理論そのものは、ボーアの主張が正しいことを証明し続けているのです。

シュレーディンガーは、「猫は同時に生きていたり死んでいたりできない。だからこうした思考実験の中で、そのような奇妙な現象を成立させてしまう量子力学は間違っている」と攻撃してきましたが、量子力学においては、最も初期の段階でさえ「物質は、物質であると同時に波でもある」という理論が成立しているように、こうした相反するものが一つの存在の中で溶け合って存在しているとしか考えられないような状態は他にも多数確認されていて、量子力学的に見る限り「あり得ないこと」ではないのです。

もっともそれは、私たちの中にある常識を、いったんはすべて放棄しなければ到底受け入れられないことではあるのですが…。

こういう話を読んで、皆さんは今、何か得体のしれない（世界が根本的な部分から崩壊しかけているような）ショックを感じているでしょうか？

もし感じているとすれば、それはあなたが、何のショックも感じていない人たちよりは、量子力学の理解者として遙かに優れた資質を持っていることを意味しています。

量子力学の最も強力な理解者であったボーアはこう言っています。

「量子力学にショックを受けない者は誰であれ、量子力学を理解していないのだ」と。

そのボーアと共に、コペンハーゲン解釈に基づいたその後の量子力学を指導的立場で建設していったハイゼンベルクもまた、こうした問題に取り組む中で、「自然が、それほどクレージーなどということがあるのか？」と自分に問いかけ続け、ヴォルフガング・パウリは「量子力学は、私には難しすぎる。私は自分が映画の中の喜劇役者か何かで、物理学など聞いたことも無ければよかったと思う」と呟かざるを得ないような苦悩と絶えず対峙しながらも、自らの使命として量子力学に建設者として留まり、シュレーディンガーは「私は量子力学が嫌いであり、あれに関わったことが残念である」と量子力学からアインシュタインと共に立ち去っていったのです。


ファインマンの、「誰にも量子力学は理解できない」という言葉が物語っているように、量子力学の解明しているミクロの物質の垣間見せている途方もないような奇妙さは、このシュレーディンガーの猫の話にとどまるようなものではなく、これはあくまでほんの一例にすぎません。例えば、一個の物質が同時刻に違う場所にある、一つの物質が東へいくと同時に西へ行く、一個の物質が《有る》と共に《無い》、宇宙の果てと果てに離れて存在している物質同士が瞬時に相手の状態を知って自分の状態をそれに対応させる、といった具合に、量子力学の中を覗けば、このような信じがたい話は掃いて捨てるほど転がっているものなのです。そしてその最大のものが、

「物質は実在しない」ということであり、「物質という幻影を生み出しているのは、物理的には発見できない、実在というヴェールの背後からこの宇宙に介在している人知を超越した意識的な《何ものか》だ」ということなのです。

それは確かに「信じがたい」話ではありますが、現代物理学の到達点に信頼しうる仮説の一つとして描き出されている宇宙モデルなのです。しかし、と同時にそれは、それが本当に正しかったとしても（おそらく永遠に）その原子モデルや宇宙モデルの性質上「正しい」とは証明できないものなのです。

話は変わりますが、皆さんは「なぜ、石や瓦礫と同じ物質の寄せ集めにすぎない私たちの体に、命や意識が存在しているのだろうか？」ということに思い悩んだことはないでしょうか？

この謎に対して科学は、「その答は、今はまだ誰にもわからない」と告げるしかありません。しかし本当のことを言うと、この答となり得るものが、すでに量子力学の中には仮説として存在しています。しかし、それもまた、私たち一般の人間に向かって発信される科学情報の中からは完全に排除されています。理由はただ一つ、それが、「信じがたい」ものであると同時に彼らにとっては絶対に「正しいものであって欲しくないもの」だからです。

これから、その仮説について記述していきます。

その仮説は、ある実験の中で電子などの極微の物質が引き起こしてみせる奇妙な現象を説明するものとして有効に働くものです。

その実験そのものは、量子力学のなかで必ず登場する有名なものなので、多少なりとも量子力学に興味を持ったことがある人なら誰もが知っています。しかし、その実験の中で起こっている現象が、「なぜ起こっているのか?」ということに対する一つの可能性として、ある驚くべき仮説が持ち上がっていることについてはほとんど誰も知りません。

誰もが知っているのは、その現象に対する二つある仮説の内の一つだけです。その一つは、標準理論として大々的に紹介され、もう一つの仮説は存在しないもののようにして隠され続けています。

そして、私たちの目から遠ざけられているその仮説の方に、「なぜ、足下の石や瓦礫と同じ、ただの物質の寄せ集めであるわれわれの体に命や意識が生み出されているのか?」という謎に対する答が隠されているのです。

その仮説を紹介するために、まず、その仮説を生み出している実験について書いていきます。その実験とは、「ヤングのダブルスリット」と呼ばれているものです。この実験は元々、一八〇一年にイギリスの物理学者であると共に医師でもあったトーマス・ヤングによって行われた実験です。

どのような実験かというと、二ヶ所の隙間を設けた一枚の板を床と垂直に立てて、その前方には光源を、後方にはスクリーンを置き、スクリーンにはどのような光と影の模様が映るのかを調べるものです。なぜこのような実験をするかというと、光が波であることを証明するためです。

結果として、スクリーンには、明と暗からなる規則正しい垂直の縞模様ができます。これは、光が波であるために、二つの隙間を通り抜けた後、二つに分かれた光の波がお互いに干渉し合った結果だと考えることで説明がつきます。つまり、この実験によって、光が波であることが証明されたわけです。

光が波であるという考えは、その後しばらくの間は、何の問題も引き起こしませんでした。しかし一九世紀の半ばになると突然それでは解決できない現象が発見されます。それは光電効果です。

光電効果は、以下のようにして発見されました。

まず、箔《はく》検電器の上に亜鉛坂を乗せてマイナスに帯電させ、箔を開いておきます。次に、亜鉛板に赤色と紫色の二種類の光をそれぞれ別に当ててみます。すると、紫の色（特に紫外線）ならどんな弱い光でも亜鉛板から電子が飛び出して箔が閉じてしまうのに対して、赤い光では、どんなに強い光を当てても箔は開いたままです。この現象は、光を波だと仮定することによっては説明できません。

この現象がなぜ起こっているのかを、「光が波であると同時にエネルギーを持った粒子でもある」と仮説を立てることで説明したのがアインシュタインです。

光が粒子だと考えると、光電効果の説明が可能になります。光を粒子（光量子・光子）だと仮定した場合、同じ粒子の集合したものではなく、一つの光が虹の色に分類されるように、様々な種類のエネルギーを持った粒子の混合したものと仮定することができます。そう考えた時、赤い色の光と紫色の光では、波としての波長や振動数が違うように、粒子として持っているエネルギーも違うと仮定できます。そして、赤い光の粒子は弱いエネルギーで、紫の光は強いエネルギーを持っていると仮定すれば、赤い光をいくら多く当てても、それは柔らかいスポンジでできたボールをぶつけているようなものなので、亜鉛板の電子をはじき出せないのに対して、強いエネルギーの紫色の光は堅いゴルフボールのようなものなので、ほんの僅かを当てただけで電子をはじき出してしまうのだという仮説が成り立ちます。この考えは、その後の実験によって「正しい」と認められ、一九二一年にアインシュタインにノーベル物理学賞をもたらしました。

アインシュタインによって自然科学の中に、「光は波であると同時に、粒子でもある」という考えが持ち込まれた後、ルイ・ドブローイは、「ならば、その逆も真であるはずだ」と考え、「粒子もまた、粒子であると同時に波である」という理論を構築していきました。この理論を証明するために使われた実験もまた、ヤングのダブルスリットだったのです。

実験の概要は光のときとほぼ同じですが、違うのは、今回の実験で二つの隙間を通過させるのが光ではなく、ミクロの物質である電子であり、光と影の作る映像を受ける後ろのスクリーンが、衝突した電子の場所を記録する乾板に変わるだけです。この実験で、物質も、物質であると同時に波としての二重性を持って存在しているのであれば、光のときと同じように電子の衝突した跡は干渉模様を作ることが予想されます。そして実際、実験結果はそうなります。

しかし、この実験の話は、ただこれだけでは終わりません。このあと、すべての物理学者に対して、「シュレーディンガーの猫」に勝るとも劣らないような、とんでもないものが突きつけられてくることになります。

そしてそれは、未だに誰にも解決できていない非常に重大なものなのですが、そうした問題が存在していること自体、一般の読者に向けて書かれた量子力学の解説書からは完全に削除されているため、おそらくこれを読んでいる人のほとんどは知らないはずのものです。知っているのは、この実験を通して二つ浮上してくる仮説の内の一つだけです。


電子を使った《ダブルスリット実験》の話を進めます。

光を使った実験のときは、二つの隙間を光が通過していきます。この時通過する光は、光を粒子と考えた場合、粒子が多数集まったものなので、電子のときも、この状態を再現するため一度に多数の電子をこの二つの隙間に向かって同時に発射することとします。すると、瞬間的に後ろの乾板には、一個一個の電子の痕跡が、光の時と同じような点で描かれた干渉模様を作り出していきます。

この実験結果は、電子というミクロの物質が、物質であると同時に波でもあるということを証明するものとして考えれば、それで一応は完結するものです。

しかし、問題はそうした実験においてではなく、電子を一個ずつ、二つある隙間のどちらか一方を通過させながら乾板に当て続けたときに起こります。そして、その結果として起こる現象は、誰もが目を疑うような、「とんでもないもの」です。

もしライフルの名手が、正面にある、一ヶ所だけ隙間のあいている板の隙間をめがけて銃弾を一発ずつ撃ち続けたとしたら、その板の背後に置いてある板にはどのような銃弾の跡が刻みつけられることになるでしょう？　皆さん考えてみてください。

どんな名人でも、無制限にライフルを撃ち続ければ、弾道にはぶれが出るため、ある一定の範囲内にその銃弾は散らばって当たります。

そして電子の場合も、二ヶ所の隙間ではなく、一ヶ所の隙間だけを設けた板の隙間めがけて一個ずつ電子を通過させ続ければ同じことが起こります。

では、ダブルスリット、つまり二ヶ所の隙間を設けた板で同じことを行えばどうなるでしょう？

ライフルの場合、二個になった隙間めがけて交互にライフルを撃ち続けたとしても結果は同じです。ただ、同じ結果が、二つの隙間の後方の板にそれぞれ一個ずつ二ヶ所刻まれるだけです。

では、電子の場合はどうなるでしょう？

常識的に考えれば、ライフルのときとまったく同じになるはずです。

しかしそうはなりません。

逆に異常な現象が突然起こり始めます。その現象とは、どんなに狙いをつけて電子をその隙間に、同じ発射地点から打ち込んだとしても、一個一個の電子は、ニュートン力学を完全に無視したまま、誰も予測できないような形で散らばって後ろの乾板に当たり始めるのです。この時、電子の発射地点と発射速度と発射角度が完全にわかっていたとしても、一個一個の電子がどこに当たるかは誰にも予測できなくなります。

しかし、電子がどこに当たるかは誰にも予測できなくなりますが、そのまま、電子をある一定量以上撃ち込み続ければ、その全体像が描き出すものは逆に、誰もが予測できるものになっていきます。それは、電子が集中して当たっている部分とまったく当たっていない部分が、縦縞となって規則正しく並んだ干渉模様です。

一個一個打ち込まれる電子は、その模様を、誰にも予測できないバラバラの場所に一個一個当たりながら、ゆっくりと、しかも正確に描き出していくのです。

この現象がいかに奇妙なものであるか、皆さんにはお分かりになるでしょうか？

この現象は、「電子が粒子であると同時に波でもあったのだ」ということではまったく説明できません。なぜなら、今回は、電子は常に二つある隙間のどちらか一方だけしか通過していないからです。電子が波であった場合も、波が二つある隙間のどちらか一方だけしか通過していない以上、干渉などというものは起こりません。波の干渉が起こるのは、同時に二つの隙間から、二つの波が通過しているときだけだからです。

最初の実験のように、電子を両方の隙間から大量に通過させるときは、右の隙間を通過している電子が左の隙間を通過している電子に影響を与えているということで、電子の描き出す干渉模様は説明できます。しかし、今回のように、一個ずつ電子を通過させている限り、その電子に干渉模様を作り出させるような影響を与えるものはどこにも存在していないことになります。

つまり、この現象は、通常の（量子力学以前の）物理学では一切説明できないのです。

しかし、実際にそうした現象が物理学の実験の中で起こっている以上、物理学者は何らかの仮説をたててその現象を説明しないわけにはいきません。

その結果として考え出され、広く紹介されているのが、「そのとき電子は、一個でありながら、同時に二つある隙間を通り抜けることによって、干渉し合ったのだ」というものです（注・これは一個の電子が二つに割れて通過し、通過した後に再びくっついて一つの電子になったということではありません。一人の人間が、その隙間を通るときだけ分身の術を使って二人になって二ヶ所の隙間を同時に通過するように、一個の電子が二個になって通過したのだということを意味しているのです）。

「それは常識的にはあり得ないことなのだが、そうしたことが起こるのがミクロの世界の理解しがたい特徴なのだ」と。

しかし私たちは、未だかつて一個の物質が同時に二ヶ所の隙間を通り抜けるなどという現象を目にしたことがありません。そうである以上、こんな話を現実問題として、無条件に納得できる人など存在しません。しかし、それがどんなに納得できない仮説だったとしても、今のところは、物理学者はそれを受け入れるしかありません。なぜなら、物理学的に見る限りそうとしか思えない現象が実際に起こっているからです。

そうした現実に、ファインマンがノーベル賞を与えられた量子力学者として口にしてみせる、「さしさわりなく言うなら、誰にも量子力学は理解できないのである」という言葉の重みがあるのです。

その仮説がどれほど納得できない奇妙なものであったとしても、『そうとしか考えられない現象』が実際に起こっている以上、その仮説に代わってその現象をもっと合理的に説明できる仮説が存在しない限り科学者はそれを受け入れるしかありません。

そして、ここで問題なのはまさにそこなのです。つまり、「そこで起こっている現象を説明できる仮説は、本当にそれだけしかないのか？」ということなのです。

結論から言えば、そうではなく、実は、この仮説よりもっとこの現象を合理的に、もっと上手く説明できる仮説がもう一つ存在しています。にもかかわらずそれは、「まともな物理学理論として語ることはできない」として私たちの目からは隠され続けているのです。

しかし、その仮説は、冷静に考えた場合、決してこの仮説以上に『あり得ない！』ものではありません。

それどころか、その仮説のなかに設定されている、「一個の物質が同時に二つの場所を通過する」という現象が現実の世界ではあり得ないことなのに対して、もう一つの仮説の中に設定されている現象は、私たちの生きている現実の世界にごく普通に存在しているものなのです。しかもその仮説は、この仮説では解決できていない部分まで完璧に解決できるものとしても存在しています。その仮説は、たしかに常識的に考えれば誰もが「あり得ない！」と却下したくなるものですが、それでも、「そのとき電子は、一個でありながら、同時に二つある隙間を通り抜けることによって、干渉し合ったのだ」という仮説と比べれば、決してそれ以上に『あり得ない』仮説ではありません。もっとも、その判断は、それぞれの人が、それぞれに下すしかないので、これからその判断を仰ぐために、仮説の紹介に移ります。

これから紹介しようとしている仮説の理解には、物理学の知識は何一つ必要ありません。逆にそれは、真実を見誤らせる先入観や固定観念、足かせとなるだけなので、もしそのようなものがあなたの中に存在しているのであれば、ここで一旦すべてを捨て去って、実験のなかで起こっている事実を（そこで起こっている事実とは、《二ヶ所設けられている板の隙間に向かって、電子を一個一個通過させたとき、後ろの乾板に縦縞の干渉模様がゆっくりと描き出されていく》というものです）ただ事実としてあるがままに見つめることだけに集中してください。

この実験のなかで、真に驚くべき現象として起こっていることは、電子の通り抜ける隙間が一ヶ所であれば、その隙間に向かって発射され続ける電子は、同じ場所から発射され続けるライフルの弾丸と同じような場所に当たり、隙間が二ヶ所になった瞬間から突然軌道が変わり、その後の衝突地点は、その衝突地点の描き出す全体像が最終的に縦縞の干渉模様になるような場所に当たり始めるということです。

では、この時電子に、一体どのような力が働いていたとすれば、このような奇妙な現象が起こり得るのでしょうか？　このことについて考えてみてください。

電子を、一個ずつ、順番に、同じ発射地点から、同じ発射角度、同じ発射速度で、同じ板の隙間を通過させ続けたならば、ライフルを固定して銃弾を発射しているのと同じことになるのに、その隙間の隣に、もう一箇所の隙間を新たに開けると、電子は突然それまでぶつかっていた場所とはまったく違った場所に、衝突し始めるのです。この時、板に開けられている隙間が一ヶ所増えたということ以外、その実験環境には何の変化も起こっていません。したがって、そこに、通常の物理学理論で説明できる、その電子の軌跡を変化させることのできた可能性を持つ物理的力は存在していません。一ヶ所の隙間の隣に、もう一ヶ所新たな隙間を設けただけで、その隙間を通過する電子の軌道がバラバラに変化し始めるというだけでも信じられない話なのに、その、一見何の規則性も持たずにバラバラに軌道を変化させている電子の衝突地点は、ある一定量を越えると、それが、その後に描き出されていく縦縞の干渉模様の一部分だったことがわかっていくのです。

途中の板に開けられている隙間が一ヶ所であっても二ヶ所であっても、その隙間を通過する電子に働いている物理的な力は、一個めも、二個めも、一〇〇個めも、一〇〇〇個めもまったく同じなので、二ヶ所の隙間を通過している電子の軌道を一個ずつ変え続けているものは物理的な力ではあり得ません。

そこに働いているのが物理的な力だと考えるのであれば、それはすでに紹介済みの仮説のように、「そのとき電子は、一個でありながら、同時に二個となって二つある隙間を通り抜ける時に生じる干渉力」だけです。しかし、ここではあえて、その仮説以外にその現象を説明できる別の仮説は本当にないのかを考えることにします。

この実験結果が私たちに突きつけている問題の核心は、一個一個の電子が、途中の板に開けられた二ヶ所の隙間を通りすぎたあと、後ろの乾板に、バラバラに衝突しながら、最終的に規則正しい縦縞のマクロな干渉模様を描き出していくということです。「その現象はなぜ起こっているのか？」ということを考えるとき、私たちにできることはその謎を解き明かすための思考実験しかありません。そのための思考実験はすでにやり尽くされている感があるので、ここでは少し趣向を変えて、従来の伝統的な物理学の思考実験ではなく、そうしたものとはまったく違った方向性を持つ思考実験によって、「どういう条件が整えば、そのような現象を起こすことが可能なのか？」ということについて考えてみることにします。

その思考実験には、電子は使わず、人間を使います。人間に電子の役を与え、その人間たちに、ダブルスリットの実験結果と同じ現象を起こしてもらい、その現象を起こすためには何が必要だったのかを逆説的に明らかにしていくための思考実験です。

そのためにまず、実験を行うための人員として東京ドームに一万人を集めることにします。最初の時点では、そこに集まっている誰一人として自分がこれから何をしなければならないのか知りません。

そこにいる人々は一人ずつカートに乗せられて、グランドの中央に立てられている板にある二ヶ所の隙間の前に連れて行かれ、どちらか一方を通った先で降ろされます。カートを降りた人の目の前には壁があり、その壁の好きなところに●を書いてくるように告げられます。その壁には可動式の階段も設置されているので、横にも上にも好きなところに行って●を書くことができます。

以上の条件の下で実験を続けた場合、全員が壁に●を書き終わった時、一万個の●の全体像は、何の規則性もないバラバラなものになっているはずです。間違っても、ダブルスリット実験のなかで電子が描き出しているような規則正しい縦縞の干渉模様などにはなるはずがありません。

では、ダブルスリットの実験結果と同じ模様を描くためには、それ以外のどんな指示や情報が必要なのでしょう?

この答は簡単です。

そのためには、まず、そこに集められた人間全員が、自分たちが●を書き終わったとき、その壁に書かれた●の描き出す全体像が、縦縞の干渉模様になっていなければならないということを事前に知っていなければなりません。それと同時に、その模様の全体的な大きさや、縦縞の幅や数に至るまで正確に知っていなければならないことになります。

しかしそれだけでは駄目です。最初の一人は、その情報だけで十分ですが、二人目以降は、自分より先に出発した人の書いた●がどこにあるのかを知っている必要があります。最初の一人は好きな場所に●を書くことができますが、その後の人は自分より先の人が●を書いた場所を避けて、なおかつ、その●を基に縦縞の模様を作るために●が集中して書かれるべき場所を正確に予測した上で自分の●を書く必要があるからです。つまり、一〇〇人目の人は、自分より前の九九人の書いた●の場所を知っていなければならないし、五〇〇〇人目の人は四九九九人の書いた●の場所を知ったうえで、自分の●を書く場書を選択して書かなければならないことになってくるのです。

…だとすれば、物理的にまったく変化しない一定の条件下にある電子という物質に、これほど複雑な現象を引き起こすことのできる力などというものが、本当に存在しうるのでしょうか？

量子力学の世界でミクロ物質がどれほど奇妙な現象を引き起こすものだとしても、それが物理学理論である限り、それは「あり得ない」と言わざるを得ないはずです。

もしあり得るとすれば、そうした情報のすべてを電子が知っている場合だけです。

つまり、電子とは、ミクロの物質であると同時に波でもあり、かつ、相手の情報を受け取ったり、自分の情報を発信したり、ある範囲内で自分の行動を選択できたりする存在だった場合だけ、電子はそういう現象を起こすことができるのだ、ということになるのです。そしてそれは、電子だけではなく、電子と同じミクロの物質であるすべての素粒子が「そうなのだ」ということを意味してくるのです。

そう考えたとき、宇宙は、全体が無数の素粒子の情報網で満たされている宏大なコンピュータの内部と極めて似たものになってきます。

コンピュータは、ディスプレイ画面に様々な情報や映像を描き出してわれわれに見せますが、この宇宙は、自らが生み出した生物の意識の中に、自らの情報を世界として描き出して体験させます。

量子力学は、『物質は実在しない。物質とは実在する物質として機能している幻影である』と告げます。そして、この宇宙モデルも、それと同じことを告げてくることになります。すべての物質や物理現象は実在ではなく、宇宙全体に広がっている素粒子のネットワークが、絶えず私たちに向かって発信し続けている、自らが持っている情報の開示だということになるのです。

素粒子は自分の持っている情報を自然の摂理（その一部として働いているのが物理法則です）にしたがって開示しますが、彼らの中にある情報そのものは彼らのものではありません。それは、この宇宙そのものを生み出し、今なお育んでいる、この宇宙に存在しているすべてのものを超越した《何ものか》です。

こうした考えは、今はまだ物理学の世界で認められてはいません。しかし、こうした考えに秘かに傾き始めている物理学者が確実に増えているのもまた事実なのです。

そう考えたとき、私たちが体験している出来事のすべては、偶然に起こっているものではなく、その《何ものか》から私たち一人一人に向けられた明確なメッセージが秘められているのかもしれない、ということになってきます。もしかすると、私たちに与えられている人生の真の目的とは、そのメッセージを読み取ることにあるかもしれないということに、です。

そう考えたとき、太古から人類の導き手、拠り所、となってきたものが神や、神の教えだったという事実は極めて暗示的な意味合いを持ってきます。

いつの頃からか、宗教というものは、人類にとって益する部分よりも、遙かに害する部分の多い存在になってしまいました。そのため人類は科学を通してこの世の真実を解き明かし、神の教えなどというものを必要としない世を作ろうと精進してきました。それはそれで、それなりの成果はあげてきたということはできます。しかしだからといって、「神は存在しない！」「神が悪い！」ということにはなりません。

そうではなく、それは逆に、そのメッセージをかつて霊的な到達点において読み取ったのが、すべての偉大な宗教の開祖たちなのだ、ということを暗示すると共に、今の世界に宗教が生み出している問題のすべては、悠久の時の流れの中でその教えは失われ、宗教に関わっている人もいない人も、一様に、いつの間にかそのメッセージをまったく読み取れない存在になってしまったことにあるのだ、ということになるだけです。

私たちが世の中を見回すとき、そこで引き起こされているグロテスクな事件や救いのない悲劇というものの実に多くが、宗教絡みのものであることを見せつけられてしまいます。そして、そうした事実を見せつけられるたびに、私たちには、宗教と、宗教を信じる人々への救いがたい嫌悪感が生まれ、自分だけは何があっても宗教にだけはかかわらずに生きていきたくなります。

しかしその一方で、私たちは、そうした宗教を（結果的に）後の世に残すこととなった聖者たちが、見神者たちが、覚者や解脱者たちが、どれほどの超越的な叡知に輝く人格者であり、偉大な魂の体現者であり、どれほどの絶望や苦悩の中から人々を救済していったかを、どれほどの救いがたい憎しみや悲しみをぬぐい去り、崇高な愛と真理の光で世界を満たしていったかを知っています。

問題は彼らでも、彼らが残した宗教でもありません。問題は、彼らの教えを理解できず、誤った理解の実践の中で、彼らの栄光に泥を塗り続けてきた愚かな信者たちです。

私たちは決してキリストを恐れてはいません。私たちは決して釈迦として知られるゴータマ仏陀を恐れてはいません。ユダヤ教の予言者であるモーゼを恐れてはいません。そしてもし、私たちが正しい知識を得るならば、私たちの誰一人がイスラーム教の偉大な予言者であるムハンマドを恐れることはないでしょう。私たちの誰一人が、ヒンドゥ教の悠久の歴史の中に、無数とも言えるほど生み落とされてきた偉大なグル（霊性の師）、偉大なリシ（聖賢）、偉大なヨギ（完成されたヨガ行者）たちの誰一人を恐れることはないでしょう。

なぜなら、これらの人々は誰一人を傷つけなかったからです。

誰一人の自由を力ずくで奪うことがなかったからです。

誰一人に対しても傲慢に接したことがなかったからです。

彼らは誰一人に対しても権力を求めませんでした。彼らは誰一人に対しても名誉を要求しませんでした。彼らは誰一人に対しても、金銭も寺院も教会もアシュラムも求めませんでした。彼らは誰一人に対しても、弟子になって跪くことを求めませんでした。これらの偉大な魂たちは、ただ与えただけです。何の見返りを求めることなく、それを必要とする人々のために、自らの愛と叡知をただ与えただけです。

彼らの誰一人として、自分の宗教をこの世に建設するために活動したことはありません。彼らの宗教は、彼らの生きた世界に結果として残っただけであって、世界の偉大な宗教の大師や開祖達が、それを目的として活動したことは一度もなかったのです。

そしてこれこそが、真の宗教の原初の姿です。

そして、これと逆のことをあらゆる場面で実践してみせているものは何であれ、宗教の名をかたる紛い物（カルト宗教）でしかありません。

例えそれが本物であれ偽物であれ、宗教が私たちの世界から消えてなくなることはありません。自然科学がこの先どれほど発達していったとしても、それは私たちの抱える物質的な問題の解決に役立つだけで、物質によっては満たされることのない、魂の領域の苦悩や空虚さ喪失感といった問題に対しては原理的に無力です。それに対して、宗教に開示されている思想や哲学といったものが、そうした魂の領域の問題に対して絶対的な救済の力を秘めている以上、唯物論の上に立つ科学によって宗教的な思想を排除することは原理的に不可能だといわざるを得ないのです。

それはいくら美味しい食べ物を提供することができたとしても、そのことによって喉の渇いている人を救うことが不可能なように、不可能なのです。それでもなお、人々が、宗教の復権を恐れて、神の存在を暗示する情報のすべてを非科学的というレッテルを貼ってすべての人々から隠し続けようとするのであれば、真に喉の乾いた人たちは追い詰められ、どのような怪しげな罠の前に置かれた水でも飲もうとし始めるでしょう。

愚劣な紛い物でしかないカルト宗教は、すべてがそこにつけ込み、そのことによって繁栄していくのです。そして、人々が、そうした得体の知れない宗教の引き起こすグロテスクな事件を見て、唯物論の中に逃げ込もうとすればするほどに、私たちの社会は真実の宗教を見失いながら、偽物の宗教ばかりをはびこらせていくことになるのです。そしてそれは、考え得る限り、最悪の負の連鎖です。

しかし、それを阻止する力は自然科学の中にはありません。なぜなら、それはまったく異質だからです。

人々が、偽物の邪悪な宗教から身を守る方法は一つしかありません。それは、真の宗教に対する知識を持つことです。なぜなら、本物を知っているものだけが偽物を見破ることができるからです。だからこそ、どのような無神論者にとっても、真の宗教がどのようなものであるかについて学ぶことは、決して無駄ではないのです。

話が脇道に逸れたので、話を量子力学に戻します。


…このダブルスリットの仮説のなかで最大の問題となるのは、「電子（厳密に言えば、すべての素粒子）が、《他の素粒子の情報を受け取ったり、自分の情報を発信したり、ある範囲内で自分の行動を選択できたりする存在》であり得るのか?」ということです。それは言い換えれば、「ミクロの物質はすべて、もっとも基本的な生命の素材であり、意識の素材であり、知性の素材である」ということを意味します。

もし誰かが、「こんな話を信じますか?」と聞かれたら、間違いなく「そんな馬鹿な話は信じられない」と答えるでしょう。特に、良識ある科学者を自認しているような人は。

しかしそうした人は、この世の真実を見ているようで、まったく見ていません。そうした人々が見ているのは、あるがままの事実ではなく、自分のなかにある《思い込み》や《先入観》というフィルターを通した事実です。

もし誰かが、自分の中にある《思い込み》や《先入観》《固定観念》といったもののまったくない、無垢な目でこの世を見渡したならば「素粒子と呼ばれているようなミクロの物質はすべて、意識や知性を持っている」ということを証明しているものを、自分の目の前にも、足下にも、空の上にも、見渡す限りのあらゆるところに見るはずです。

それが何かと言えば、命や意識を持って動き回っている人であり、あらゆる生物たちです。そうしたすべての生物の体は物質によって作られ、その物質は原子によって作られ、原子は素粒子によって作られ、生物の体の中には原子（素粒子）以外のものは存在していません。

そして、原子だけでできているすべての生物は、意識や知性や命を持って生きています。だとするなら、そうした生物たちや、私たち自身が、意識や知性や命を持って動き回れているという事実が逆説的に証明しているものは、原子や、原子をつくっている素粒子そのものの中に、元々それらのすべてが「隠されているからだ」という考えが、最も自然で合理的なものだということになってきます。

つまり、「素粒子とは、物質の素《もと》の粒子であるように、意識や知性や命の素《もと》でもあるのだ？」ということです。

多くの人は、こういう考えを「非科学的だ」と笑います。

しかし、そう考えることは、本当に非科学的なことなのでしょうか？

そう考えないことが、本当に科学的なことなのでしょうか？

それは、そう考えている人の中にある、単なる思い込みや先入観にすぎないのではないのでしょうか？

少なくとも、この素粒子モデルは、電子のダブルスリット実験における振る舞いを、「一個の電子が二個になって二ヶ所の隙間を通って互いに干渉し合ったのだ」というような、現実にはあり得ない現象を無理やり設定して説明している従来の仮説に比べれば、現実とはまったく矛盾しない合理的な仮説なのです。

なぜ、現実とは排除し合う仮説の方が科学的で、現実と矛盾しない仮説の方が非科学的のそしりを受けなければならないのでしょうか？

この素粒子モデルは、「単なる物質の寄せ集めでしかない私たちの体に、なぜ意識や知性や命は存在しているのか？」ということに対しても、「物質を作り出している素粒子そのものが本質的な部分で、意識や知性や命として存在しているからである」という答を与えてきます。その素粒子モデルは、「命を持たない物質が何億年という間、様々な環境のなかで複雑に結合し、化学反応を繰り返してきた結果、偶然そこに命というエネルギーが発生する仕組みができてしまったのだ」と考えてきた私たちに対して、そうではなく、「物質を作り出している素粒子には元々、(原子エネルギーが原子核の中に元々秘められているように)、生物の中に存在している意識や知性や命といったもののすべてが内に秘められていて、その素粒子で作られている物質がある条件が整うような結合をした結果として、そのエネルギーをはっきりとわかる形で引き出しながら活動しているのが生物なのだ」という生命モデルを成立させるのです。

つまり、素粒子という目に見えないミクロの物質が膨大な数結合して目に見える物質という姿をとっているように、私たちの中にある意識や知性や命といったもののすべてもまた、目に見えない素粒子の中に秘められている意識や知性や命といったものが膨大な数につながり合い、全体を一個の生物としたマクロなネットワークを作り出した結果として目に見える形で機能しているものなのだ、ということなのです。

したがって、この原子モデルにおいては、生物だけにではなく、石や瓦礫といったものにも、私たちと同じように生命も意識も存在しているということになります。そして、石や瓦礫と私たちの間にある違いとは、命を持っているかいないかではなく、原子の中に秘められている、意識や知性や命といったものを、生物として機能できるほど多く引き出しているか、いないかにすぎないと言うことになるのです。

第三章

宇宙の外に広がる、時が始まる以前の世界

現代科学の宇宙に対する発見の金字塔は、何といってもビッグバン宇宙論です。

この宇宙論は、私たちの宇宙には、時間的な始まりが存在していることを明らかにした点において革命的な意味を持っています。

自然科学はこの宇宙が誕生した瞬間に起こった現象のことをビッグバンと呼んでいます。諸説ありますが、最新の科学情報だと一三七億年程度昔のことです。

この宇宙論は、この宇宙に存在しているもののすべて、時間の流れや空間や物質やエネルギーといったもののすべてが、その瞬間に生まれたものであって、それ以前には存在していなかったということを意味しています。

そして、もしそうだとすれば、「では、この宇宙が生まれる以前には、一体何が存在していたのだろうか?」という謎が新たに生まれることになります。しかし、現代物理学は、ビッグバン宇宙論が正しいのであればその答が永遠に得られないことを理論的に導き出しています。科学によって『その時何が存在し、何が起こっていたのか?』を明かにできるのは、この宇宙が誕生した瞬間からプランクの時刻と呼ばれる時間が経過した以降のことであり、その神秘の時間の壁を越えてそれ以前の世界の様相を解明することは理論上不可能であることを科学は発見しているのです。

科学理論がプランクの時刻を越えてビッグバンの瞬間に近づくことが不可能である以上、ビッグバン以前の世界に何が存在していたのかを科学的に解明することなどさらに不可能な話になってきます。

この宇宙が誕生した一三七億年より前に何が存在していたかを科学理論によって突き止めることは不可能ですが、もし本当に、この宇宙が生まれる以前に何かが存在していたのだとすれば、それを知る手段が全くないわけではありません。

なぜなら、「この宇宙が生まれる前の世界には、一体何が存在していたのだろうか?」ということは、言い換えれば、「今現在、私たちの宇宙の外には一体何が存在しているのだろうか?」ということと同意語だからです。私たちの宇宙がビッグバンによって生まれたものならは、私たちの宇宙は、それ以前から存在していたものの中に生まれたことになるからです。そしてもしそうなら、今現在私たちの宇宙の外には、私たちの宇宙が生まれる前から存在していた世界が広がっているはずです。

しかし科学は、私たちの宇宙の外には「何も存在していない」と考えています。そうでなければ、ビッグバンを宇宙の始まりだとする宇宙論そのものが成立しなくなってしまうからです。

もしビッグバン以前から何らかの世界が存在したのだとすれば、ビッグバンは、宇宙の始まりではなく、それ以前から存在していた宇宙の中で起きた（水が沸騰して泡が生まれるような）小さな（部分的な）宇宙の誕生であるということになります。そして、私たちの宇宙の外には、まだ科学によっては発見されていない未知の宇宙が無限に広がっているのだ、ということになってしまい、ビッグバンが宇宙の始まりだという宇宙論は完全に振り出しに戻ってしまうことになります。

したがって、ビッグバンが「宇宙の始まりだ」というのであれば、それ以前の世界は《無、もしくは無の様相を持った、限りなく無に近いもの》でなくてはならず、この宇宙の外は何も存在していない《無》でなくてはなりません。

しかし、そのようなことがあり得るでしょうか？

時間も空間も物質もエネルギーも何もないところに、何かが生まれ、そのまま存在し続けるなどということがあり得るでしょうか？

もしあり得ると言うのであれば、私たちの宇宙の果ては、一体何によって支えられているのだということになるのでしょう？　そこには、私たちの宇宙が《実在》として接触することのできるもの（時間や空間や物質やエネルギーといったものの）が何も存在していないのです。

私たちの宇宙が、ルメトールの言ったように、「全宇宙のエネルギーを一点に凝縮した一個の母なる量子の大爆発によって生まれた」という話なら何の問題もなく簡単に認めることができます。その量子が、無の様相を持った《真空のエネルギー》であるとしても何の問題もありません。

その時問題となるのはただ一つ、「私たちの宇宙の種となった原初の存在は、一体どこに存在していたのか？」ということになるだけです。

もし《無》の中に存在していたというのであれば、それでもかまいません。もしそうなら、質問が変わるだけです。「私たちの宇宙は一体どこに生まれたのか？」という質問に変わるだけです。

無の中に、ですか？

だとすればそんな話は納得できなくなります。なぜなら、もしそうなら、私たちの宇宙は今なお、無の中に存在していることになるからです。

物理学的な立場から見ても、形而上学的な立場から見てもそれはあり得ません。

私たちの宇宙がビッグバン以前は《無》の中に溶け込んでいて、ビッグバンという現象のなかで「無から生まれた」というのであればまだ納得できます。なぜなら、私たちの宇宙が生まれていないとき、それは《無》と同じ状態なので、無の中に潜在していたということは形而上学的には十分受け入れられることだからです。

しかし、私たちの宇宙が、「無の中に生まれ、今なお無の中に存在している」というのであれば、それは到底納得できない話になってきます。なぜなら、無の中に、物理学的にも形而上学的にも無とは相容れない時間や空間や物質やエネルギーといったもので作られた宇宙が生まれることも、そこにそのまま存在し続けることも、宇宙モデルとしては完全な矛盾の中で破綻していることだからです。

したがって、ビッグバン宇宙論には、「ビッグバン以前にこの宇宙を生みだす何かが実在していなければこの宇宙は誕生も存在もできず、それが存在していたとすれば、ビッグバンが宇宙の始まりであるとする宇宙論そのものが否定される」というパラドックスを抱えていることになります。

そして、このパラドックスを解決することのできる理論や思想を自然科学は持ちません。

しかし、形而上学（哲学）は違います。形而上学は、このパラドックスを解決する答を用意することが出来ます。

それは以下のようなものですが、この問題を取り扱う時、まず考えなければならないことは、「私たちにとって、《実在するもの》とは何を意味し、《実在しないもの》とは何を意味しているのか?」ということです。なぜかと言うと、これがこの問題を解き明かすためのキーワードだからです。

もし何かが私たちの目の前に存在していて、それを私たちが、自分の目で見ることができ、肌で触って確かめることができたならば、それは私たちにとって実在するものとなります。

それに対して、ウイルスなどの小さな生物は私たちの目には見えず、触ってその存在を確かめることも出来ません。でも私たちはそれを、顕微鏡などの機械を使って見ることができ、間接的に触ったり動かしたりできるため、それがそこに実在していることを信じます。

以上のことから言えることは、私たちにとって〈実在しているもの〉とは、まず第一に自分の〈見る〉〈触る〉〈聞く〉〈臭う〉〈味わう〉といった五感を通して物理的に発見できるもののことだということです。

その一方で、ニュートリノなどの素粒子は、どんな機械を使ってもその姿を見ることも、触ってその存在を確かめることもできません。が、科学の実験や理論を通してその存在を知的に発見することができるので、私たちはやはりそれを〈実在しているもの〉と信じることができます。

そしてさらに、愛や憎しみといったものは、どのような手段を用いても物理的に探し出すことはできず、科学の実験や理論によってもその存在を証明できませんが、私たちはそれを自分の意識や心で感じ取っているため、その実在を信じることができています。

以上のことから言えることとは、私たちにとって〈実在するもの〉とは、私たちが、自分の目で見たり、肌で触ったりしてその存在を物理的に発見できるものや、科学の実験や理論や情報をとおして私たちの知性がその存在を信じたり、思い描いたりすることができるもの、心や精神によってその存在を感じ取れるもののことであり、〈実在しないもの〉とは、私たちが物理的にも知的にもその存在を発見したり思い描いたりできず、心や精神によっても感じ取れないものだということです。

そしてその事実は、私たちにとっての《無》というものと、そこに真実として《何も存在していない》ということはまったく別の問題だということを教えてきます。

私たちにとっての《無》とは、私たちが、そこに何かが存在していることを、物理的に探し出すことも、知的に思い描くことも、理解することもできないもののことであって、真の意味で「そこには何も存在していない」ということではないということを教えてくることになるのです。

その一方で、私たちは、知的にも、物理的にも明らかな能力の限界を持っています。そうである以上、私たちの耳が、ある周波数以上の音もある周波数以下の音も聞き取れないように、私たちの目の前に例え何が存在していたとしても、それが自分の《何かの存在を知る能力》の限界を超越した存在であったならば、その存在を知ることは出来ないことになります。

それはつまり、「私たちにとって〈実在〉として思い浮かべたり、物理的に探し出せるものは、自分の〈知る〉という能力の中に捕らえることのできるものだけであって、それ以外のものに対して、例えそれが実在していたとしても私たちにとっては《実在しないもの》《無》になってしまう」ということです。

そしてそれと同じことが、非実在である〈幻影〉についても言えることになります。

つまり、私たちが幻影を幻影であると見破れるのは、その幻影が私たちの〈知る力（言い換えれば、幻影を幻影として見破る力）〉の範囲内のものであるときだけであって、もしそれが私たちの能力を超越したものであったときには、その幻影を私たちは幻影としてではなく実在として体験するいがいにない、ということです。

そしてそのことは、「物質は幻影であって実在していない」という量子力学の発見に対しても、「決してあり得ない話ではない」という保証を与えることになります。

それでもなお、私たちの生きている宇宙が、〈実体を持たない幻影である〉話を聞いて、素直に納得できる人はいないと思います。そんな話を聞けば、誰もが「そんな馬鹿なことがあるか！」と思うはずです。「それは、何かの間違いだろう」と。

ところがそうではないのです。

実をいうと、自然科学の世界には、量子力学よりもっとはっきりと、「私たちの体験している宇宙は私たちの外に実在しているものではなく、私たちの意識に描き出されている幻影である」ということを明らかにしている分野があります。

それは脳科学の世界です。

脳科学者たちは、私たちが目で見て、肌で触れることで発見している、物質や物質で作られた世界というものが、私たちの外に客観的に実在しているのではなく、脳によって、私たちの意識の中に〈実在〉や〈現実〉として描き出された、生理的な幻影（仮想現実）としてしか存在していないことを発見しています。

したがって彼らは、「われわれにとって、実在を支配しているのは、われわれを生み落とした世界そのものではなく、自分の《脳の働き》である」と告げてくるのです。

それは、唯脳論として広く知られています。

どうでしょう？　量子力学の描き出している宇宙モデルと、脳科学者の言う、「われわれが世界や宇宙として発見しているもののすべては、われわれの外に客観的に実在しているのではなく、われわれの中に視覚や触覚といった肉体の機能を通して持ち込まれた情報を基に、脳が〈現実〉や〈実在〉として意識の中に描き出した仮想現実的な幻影でしかない」という主張は似ているような気がしないでしょうか？

しかし、実際は違います。現時点に限って言うなら、似ているのは表面的な部分だけであり、この二つの宇宙モデルの本質は、互いが互いを完全に排除し合うほどに似て非なるものです。

なぜなら、量子力学の主張というものは、脳科学者が現時点で言っているように、「私たちが見て、体験している世界は、私たちの外に客観的に実在しているものではなく、私たちの脳の中に、脳が描き出した仮想現実として存在しているものである」というような生易しいものではなく、そうした脳科学者が「すべてのすべてである！」と、絶対的な拠り所としている自分の脳そのものが、この宇宙のどこにも「実在していない！」と断言するものだからです。

つまり、量子力学が描き出している宇宙モデルというのは、私たちの肉体そのものと、世界の双方が、実は「どこにも実在していない」と言うものなのです。

ちなみに、なぜ「現時点に限っていうなら」と但し書きしたかというと、唯脳論もさらに深く突き詰めていけば、量子力学と同じ結論に達するものだからです。

現時点では、脳科学者たちは、「私たちが目で見て、肌で触れることで発見している、物質や物質で作られた世界というものが、私たちの外に客観的に実在しているのではなく、脳によって、私たちの意識の中に〈実在〉や〈現実〉として描き出された、生理的な幻影（仮想現実）としてしか存在していない」と言うレベルに留まっています。つまり、自分の脳は、自分の脳として実在しているのだと考えているわけです。しかし、自分が現実として体験している世界が自分の脳によって自分の意識に描き出されているものだとするなら、その世界の中で自分が発見している自分の脳も実在ではなく、自分の脳が描き出している幻影だということになります。つまり、脳科学の発見は、この思考のスパイラルのなかで永遠に自己と、世界の双方の実体を見失い続けていくことになるのです。

私たちは、唯脳論が主張するように、「われわれが自分の目で見て、肌で触れて体験している世界のすべてが、自分の脳によって描き出されている生理的な幻影であり、そのようなものが、自分の外に客観的に実在しているのではないのだ」と言うのであれば、そこにはまだ、自分の脳というものが、自分の体験している世界の絶対的な存在基盤として存在できるために、その理論によっても宇宙モデルを構築することは可能です。

しかし、量子力学が主張するように、もしこの宇宙に、そうした幻影を描き出す自分の脳さえも幻影であって実在していないとなったなら、私たちは、そこにどのような宇宙モデルも描き出すことができずに、途方に暮れるしかなくなってしまうような気がします。

しかし、そうではありません。

それは唯物論にしがみついている限りにおいてそうなるだけで、それを絶対視さえしなくなれば、「最新の科学を基に宇宙モデルを構築しようとすれば、物質より先に精神があったと考える方が、遙かに上手くいく」と考えている科学者が少なからずいるように、今まで科学の世界にも哲学の世界にも描き出されたことのない、まったく新しい宇宙モデル（それは同時に、インドの霊的世界に、五〇〇〇年以上も前から受け継がれてきた世界最古の聖典ヴェーダやヴェーダーンタに開示されてきた、最も古い宇宙モデルでもあるのですが）を描き出していくことが可能なのです。

その宇宙モデルの詳しい話は、章を変えて紹介することにして、話がいささか脱線したので話を主題に戻します。

私たちが〈実在〉として発見したり、理解したり、信じたりしているものと、実際に実在しているものとは、決してイコールではありません。

私たちはこの宇宙の中に生まれ、この宇宙から出たことはありません。私たちはこの宇宙の中のことしか知らず、この宇宙を支配している時間や空間や物理法則のなかで起こることしか体験していません

それは言い換えれば、この宇宙の中に閉じ込められて生きている私たちにとって、実在として探し出したり、思い浮かべたり出来るものは、この宇宙の中に存在しているものだけだということです。それは、生まれてから死ぬまで、外界と完全に遮断された部屋から一歩も出たことのない人が、外にどのような世界が広がっているのかを知ることも、思い浮かべることも出来ないの

と同じです。

例えば、私たちの腸の中には膨大な数の細菌が生息しています。彼らは、私たちの腸の中を世界として生きています。その細菌が、この先進化を遂げて、今の私たちと同じ程度の知能を持つことは可能です。しかし例えそうなったとしても、彼らが腸内から一歩も出られない限り、自分たちが世界のすべてと信じて生きている世界が、実は人間というより大きな生物の腸のなかであることを知る日は永遠に訪れません。

そしてそれと同じことが、この宇宙の時空を越えて、その外へ一歩も出ることのできない私たちにも言えるのです。私たちがこの宇宙の外へ一歩も出られない限り、この先私たちが知的にどれほど進化していったとしても、この宇宙が何であるかを、真に明らかにできる日は永遠に訪れないのです。この宇宙が何であるかを明らかにできないのであれば、その宇宙に生み落とされている自分という存在が何であるかを明らかにすることもできないのです。

アインシュタインは、「あなたにとって最も驚くべきこととは何ですか?」と質問されたとき、「それは、私たちが、この宇宙を理解できることだ」と答えました。しかし、そんなアインシュタインに、「それは大きな間違いである!」と告げたのが量子力学です。「人間に、この宇宙を理解することなど不可能である」と。

アインシュタインは、このことを受け入れることができずに量子力学からはじき出されました。しかしニールス・ボーアやハイゼンベルは、この考えを、「真実がそうであるなら、その真実を私たちは潔く受け入れる」として受け入れました。彼は、「自然とは何か？　自然が何をなすのか？　ということについて、誰も決して真に理解することはできない。人間に知ることができるのは、あくまで自然が人間に知ることを許した範囲までである」ということを受け入れた上で、量子力学のもっとも強力な理解者となり、量子力学論争の覇者となったのです。

哲学的に見る限り、量子力学が私たちに向かって発する、「人間に自然のすべてを理解することはできない」というメッセージは理に適っており、逆に、アインシュタインの「自然は人間に理解できるはずだ」という考えは理に適っていません。

その理由は、以下に述べる通りです。

この宇宙がビッグバンによって始まったというのであれば、この宇宙が隠し持っている《存在の秘密》というものは、この宇宙の秘密であると同時に、この宇宙を生み落とした未知なるものの《存在の秘密》だということになります。そしてその、《未知なるもの》は私たちの世界から探し出すことはできません。なぜならそれは、私たちにとっての《実在》という境界線の向こう側に潜んでいるものだからです。したがって、その《存在の秘密》は私たちの世界のどこを探しても探し出すことはできず、永遠に不可知のままです。

それは、海面に浮かぶ氷山が、見えない海面下にもっと巨大な本体を隠し持っているように、私たちの宇宙もまた、自分の存在の秘密を自分の中にだけでなく、自分の存在の外、…つまり、私たちの宇宙からは覗き見ることのできない、不可知という境界線の向こう側に潜んでいる《生みの親である何者か》の中に、この宇宙に隠されている秘密よりもっと大きく、もっと本質的な《存在の秘密》を隠し持っている、ということになるのです。

そうであるとき、このことを基に描き出されていく宇宙モデルは、私たちの宇宙がビッグバンとして生まれ落ちた瞬間から、それ以前に存在していた世界との間に、目に見えない卵の殻のようにして、実在と非実在をより分ける目に見えない壁を作ってしまっていることになります。

卵の中のヒナが卵の中から外の世界を見ることができないように、私たちもまた、この宇宙の中から外の世界を覗き見ることはできません。卵の殻は割ることができますが、私たちの宇宙を覆っている壁は物理的に破壊することが不可能であるばかりでなく、その存在を発見することも不可能なものです。

その壁の内側にあるものだけが、私たちにとっての実在であり、その壁を越えたとたんにすべては、何をどう努力してもそれが存在しているという事実を探し出すことも、思い描くこともできない〈非実在〉へと姿を変えてしまいます。もっと分かりやすく言えば、その壁の外に何があったとしても、それはすべて、私たちにとっては、〈存在していない〉ものになってしまうということです。

それはさらに言い換えれば、「私たちが実在として探し出せるすべてのもの」を生み出し、今なおその懐に抱いたまま育んでいるものは、私たちが実在として探し出すことのできないものの中にあるのだということを意味していることになるのです。つまり、「この世界に私たちが実在として発見しているもののすべては真の実在ではなく、真の実在はこの世界からは覗き見ることのできない《無の領域》に隠されているのだ」ということになるのです。

そして量子力学もまた、これと同じようなことを物理哲学の領域に描き出して教えているのです。

量子力学もまた、「この宇宙に物質や、物理現象というものを生み出しているものはこの宇宙そのものではなく、この宇宙にとっての実在の向こう側に〈不可知〉として隠れ潜んでいる〈何ものか〉である」という原子モデルや宇宙モデルを描き出しています。

そしてそれは、エディントンが言ったように、物理学の記述でありながら神について語る宗教哲学の記述に近いものです。

物理学者たちはその事実を、原子よりもさらに小さなミクロの世界の物質を研究していく中で図《はか》らずも発見してしまったのです。「ミクロの世界に物質は存在せず、それがそこに実在していたのだと私たちに信じ込ませる物理現象だけが存在しているにすぎないのだ」と。そしてそれは、そうしたミクロの世界の物質だけに言えることではなく、そうしたミクロの物質（素粒子）を原料として作られている、宇宙そのもの正体が「そうだ！」ということなのです。しかしそのことを、科学は私たちに正しく伝えようとはしてはいません。それどころか、「ミクロの世界と、マクロの世界では、物質はまったく違った姿を取り、ちがった法則に支配されているようだ」という、とんでもない詭弁でこの問題から私たちの目をそらそうとしています。しかしそのようなことは絶対にあり得ません。

これはすでに書いてきたことなので、繰り返しになりますが、非常に大事なことなので、ここでもう一回断言しますが、《ミクロの世界》や《マクロの世界》といった二つの世界の違いは、私たちの思想や概念の中にあるだけであって、この自然そのもののなかにはそのような違いを持つ世界などというものはどこにも存在していません。したがって「ミクロの世界と、マクロの世界では、物質はまったく違った姿を取り、違った法則に支配されている」などということは絶対にあり得ず、「ミクロの世界の真実は、マクロの世界の隠された真実」とイコールです。

したがって、目に見ることのできない〈素粒子と呼ばれる極微の物質〉が実在しない幻影だということであれば、それは、すべての目に見える物質の本質であり、物質を材料として作られているこの宇宙そのものの本質でもあるのだ、ということになってくるのです。

「しかし…」と、ここまで語られてきた量子力学の話を聞いて誰もが思うはずです。

「こんな奇妙な話を誰が信じられると言うのか?」と。

なぜなら、もしこの話が本当だとするなら、それは、私たちの体験している世界のすべて、自然や生物、その世界で私たちが出会ってきた人々といったもののすべてが、実在ではなく、実在として体験している幻影だということになってしまうからです。

しかも、そうなってしまうのは私たちが見て体験している世界だけではなく、それを見て体験している私たち自身の体さえもが、物質として実在しているものではなく、物質として実在しない幻影だということになってしまうのです。

だとすれば、こんな奇妙な話をいったいどこの誰が信じられるというのでしょう?

おそらく、誰一人として信じられる人はいないはずです。

だからこそ、この話は、純然たる自然科学の到達点に描き出されている量子力学という物理学理論の話でありながら、今までずっと、一般の人々に向かって紹介される量子力学の解説の中では一切語られてこなかったのです。

それはただ、一般の人々に向かって紹介されてこなかっただけでなく、物理学界の中においてさえ、「そうした量子力学に対する解釈は何かが間違っている」という前提の下で、きわめて慎重に、できる限り秘密裏に取り扱われ続けているのです。それが、アインシュタインや、すべての物質は波動としての属性を持つということを突き止めたルイ・ドブローイ、波動力学を建設したシュレーディンガー、量子電磁力学を場の量子論によって定式化し、放射線崩壊の研究の過程でニュートリノの存在を予言したヴォルフガング・パウリ、不確定性原理の提唱者で、ボーアと共に量子力学の解釈の問題を進める上で大きな貢献をしたハイゼンベル、原子核の周りを回る電子という原子モデルを描き出し、相補性の原理と不確定性原理を中核としたコペンハーゲン解釈を形成したニールス・ボーアといった、量子力学を一から作り上げていった天才達を二派に分裂させせた上で大論争に駆り立て、その結果として「正しい!」と判断されたものであるにもかかわらずにです。

しかし、そうした量子力学の描き出している、原子モデルや宇宙モデルに納得できないからといって量子力学を否定することは誰にもできません。なぜならそれは、見事なまでに実験結果と一致した理論であり、テレビやコンピュータなどに不可欠な集積回路の機能を完全に支配する理論であり、私たちの社会に提供され続けている、すべてのハイテク機器や、現代医療、化学、生物学のすべてを根底から支え続けている理論だからです。つまり、テレビがテレビとして、携帯電話が携帯電話として、コンピュータがコンピュータとして機能しているという事実そのものが、量子力学の物理学理論としての正しさを証明しているということなのです。

だからこそ、量子力学は、誕生してから今日までずっと、自然科学の真の天才達にとって混乱と悩みの種であり続けているのです。

物理学理論としてはほとんど完璧でありながら、その理論を基にして描き出される原子モデルや宇宙モデルは、あまりにクレージーで誰にも受け入れられないほどに奇妙なものになってしまうという、この量子力学が突きつけてくる現実が何を意味しているかを今のところ物理学者はだれも理解できていません。ただ単に理解できていないだけでなく、理解しようと考える科学者そのものが減り続けているのが現状です。

なぜなら、量子力学を理解できないということは、量子力学者にとって何の不都合もないことだからです。どちらかというと、理解しようと志す方が遙かに大きな不都合を生み出すのです。

なぜなら、量子力学を理解できなくても、量子力学を使って新たなハイテク機械を開発したり、医療や化学、分子生物学に応用したりすることには何の支障もきたさないからであり、逆に理解しようと志を高く持てば、無用な混乱やトラブルを抱え込んでしまうリスクがあるばかりでなく、実利という部分では何の利益ももたらさないものだからです。

量子力学を理解できていない科学者たちが、量子力学を使って時代を切り開いていると言うと、何か奇妙な話に聞こえるかもしれませんが、それは次のようなことを意味しています。

私たちは、テレビがどうして映像を映し出すことができるのか、ビデオがどうして映像をハードディスクやＤＶＤに記録できるのか、パソコンがなぜパソコンとして機能し、携帯電話がなぜ携帯電話として機能しているのかを何一つ理解していません。しかし、例えそうであったとしても、そうしたことのすべてを完全に理解している科学者と同じか、それ以上に、何不自由なくそれらのすべてを使いこなせています。なぜなら、そうしたハイテク機器の内部構造や作動理論の何一つを知らなかったとしても、その機械の何をどうすれば、どう動き、どういった機能を提供してくれるかを、取扱説明書を読んだり、誰かに教えられたりして知っているからであり、それを知ってさえいれば、その機械を使いこなす上では十分だからです。

つまり、コンピュータを作れるだけの知識を持っていることと、そのコンピュータを使いこなして、何かの役に立つ仕事をすることとはまったくの別物だということです。そして、それと同じことが、量子力学についても言える、ということなのです。

なぜなら、量子力学というものは、表面的に見た場合、単なる量子という極微の物質の取扱説明書だからです。そして、その量子力学が哲学的な領域に描き出している原子モデルや宇宙モデルは、「物質とは一体なんなのか?」という、より深遠な宇宙の本質論であり、「われわれはなぜ存在しているのか?」ということについての根源的レベルからの哲学であり、実在論だからです。つまり、量子力学を真に理解するためには、物理学の才能だけでは不十分だということです。では、それ以外の何が必要かというと、それを真に読み解けるだけの傑出した哲学的資質です。

そのことは、量子力学論争において主役となり、勝利者となったニールス・ボーアやハイゼンベルクが『物理学者である以前に、哲学者であった』という事実が物語っています。

量子力学論争において、もう一方の主役として、その好敵手をつとめたのがアインシュタインやシュレーディンガーでありマックス・プランクです。

アインシュタインは誰もが知っているように、二〇世紀の歴史に燦然と輝く物理学の天才です。アインシュタインに匹敵する天才はいたかもしれませんが、アインシュタインを遙かに凌ぐ天才などというものは存在していません。そのアインシュタインはボーアと激論を戦わせていたさなかにあっても、ボーアの物理学者としての才能を(自分が成し遂げられなかったことを成し遂げたとして)高く評価しています。

したがって、ボーアが傑出した物理学者だったことは間違いのないことです。しかし、彼はただそれだけの人ではなく、優れた物理学者であると同時に、それ以上の哲学者でもあったのです。

実際、ボーアを量子力学における最大の天才と評価していたハイゼンベルクはボーアを評して、「彼は物理学者である以前に、哲学者である」と述べ、ボーア自身もそれを認めています。

傑出した物理学者であると同時に優れた哲学者であったのはボーアだけではありません。実は、ボーアをそう評したハイゼンベルク自身が、物理学と同じか、それ以上に哲学に興味を持っていた人間であることが広く知られています。そのことは、ハイゼンベルクが、量子力学の建設に至る歴史を様々な科学者との交流を通して綴った『部分と全体』という著書が、科学者であると同時に、一九世紀の哲学者キルケゴールに強い影響を受けプラトンを高く評価していた哲学者の、実在に関する哲学的考察以外の何ものでもないと評されていることからも明らかです。ちなみに、プラトンという哲学者は、「この世界には、絶対的なもの、目には見えない普遍的なもの（注・神を意味する）が存在し、その神の知性の中に、個々の人間の存在の核となっているものが、イデアとして存在している」と考えていました。蛇足ながら、「われ想う故にわれあり」という哲学史上最も有名な命題で知られているデカルトも現代哲学の父と讃えられる偉大な哲学者であると同時に、有能な数学者、自然科学者であり、人間の中に魂というものの存在を明確に想定していた人です。

一方、そのボーアたちに対して最も強力な思考実験で反論を仕掛けてきたシュレーディンガーもまた、優れた物理学者であると同時に哲学者だった人です。その事実は、元々物理学を専攻していたシュレーディンガーが、第一次世界大戦に砲兵士官として従軍した後、物理学を捨てて哲学の道に進むことを決意していたというエピソードが教えています。しかし、結果的に、彼は哲学の道には進まず物理学の道に留まりました。敗戦後の母国オーストリアには哲学の職は無かったためです。そのため、しかたなく物理学の世界に留まったのです。

量子の生みの親であるマックス・プランクもまた、「彼が物理学に取り組んだのは、自分自身の哲学的世界観に対する深い関心を満たすためだった」といわれるほどに、哲学者としての資質を内に秘めていたことが知られています。

アインシュタインが哲学に直接的な興味を持っていたかどうかは不明ですが、彼の業績のなかで最も有名な相対性理論を見る限り、その初期のものは、物理学理論でありながらも物理学的な手法はまったく使わず、形而上学的な手法のみで相対的な二者の間で変化する時間や空間の性質を描き出した理論であることから（そのため、相対性理論はノーベル物理学賞の対象とはなっておらず、これと同時に発表した光電効果に関する論文で彼はノーベル物理学賞を受賞しています）、彼が優れた哲学者としての資質を持っていたことは疑いようがありません。

そうした物理学者たちが、それぞれの発見を持ち寄って量子力学という巨大な物理学理論を作り上げ、その物理学理論が、誰も想像していなかったようなこの世の真実を暴き始めたとき、「その発見が何を意味しているのか」をめぐって大論争になり、その論争が物理学論争でありながら、終始哲学論争という形をとったというのは、ある意味で象徴的な出来事です。

なぜならそれは、「この世の真実を真に明らかにできるのは科学ではなく、科学を読み解く哲学だ」ということを意味しているからです。「科学は、その判断材料を掘り起こすことができるだけだ」ということを、です。

量子力学論争において、ボーア達は勝利し、アインシュタインたちは破れ去りました。しかしだからといって、科学者や哲学者としてのアインシュタインたちの才能が、ボーアたちのそれに比べて劣っていたわけでも、時代後れだったわけでもありません。問題の本質は、まったく別のところにあります。

それは、量子力学論争に破れ、その後の量子力学からは退場していった人たち（量子力学の建設に携わった7人のノーベル物理学受賞者たちの内の四人）と、勝ち残ったニールス・ボーアやハイゼンベルクをより分けたものとは、物理学者や哲学者としての能力の差ではなく、「世界はなぜ存在しているのか？」「実在とはそもそも何を意味しているのか？」ということに対して持っている《世界観》の差であり、自分が信じたい《この世の真実》と、量子力学が教えてくる《この世の真実》のあまりにも大きい落差に対する適応力の差だったということです。

その違いが、ニールス・ボーアやハイゼンベルクたちには、「それが科学の教える真実なら、それを真実として受け入れるのが科学者として自分がとるべき唯一の道である」として量子力学を受け入れさせ、もう一方の科学者たちには「そんな馬鹿なことがあるはずはない。だから量子力学は間違っているのだ」という立場をとらせただけです。

この論争で敗北して以降、アインシュタインもシュレーディンガーも徹底した量子力学嫌いになり、量子力学から退場していきました。アインシュタインはそれを機に、一般相対性理論の完成を目指しましたが、時代が必要としていたのは量子力学であったため（今では相対性理論は、地上と衛星の間にある重力の差が生み出す相対的な時間の進む速度差を修正してGPSを正しく機能させるためには不可欠な理論ですが、当時は科学技術には何の役にも立たない理論であったため）急速に求心力を失い、「量子力学を理解できなかった古いタイプの科学者」という汚名を着せられたまま、新たな時代を切り開いていく科学の流れからは取り残されたような晩年となっています。

しかし、アインシュタインたちが「量子力学を理解できなかった」というのは間違いです。彼らは、「量子力学を理解できなかった」のではなく、量子力学が描き出して見せる原子モデルや宇宙モデルを真実であるとは「受け入れることができなかった」だけです。

アインシュタインが他の物理学者と組んで思考実験を行い、その結果を盾にして、「こんな馬鹿なことがあり得るはずがない。だから量子力学は間違っているのだ」と批判していたことの幾つかは、その後の科学の発達によって、実際に起こっていることが確認され、アインシュタインの批判が完全に間違っていたことが証明されました。しかし、だからといって、アインシュタインが量子力学を理解できていなかったことにはなりません。なぜなら、彼は量子力学の理論を基に思考実験を行い、その結果を誰よりも先に正しく導き出していたからです。問題は、その導き出された結果をアインシュタインは「あり得ないことだ！」と判断したことだけです。

つまり、アインシュタインは量子力学を真に正しく理解していたからこそ、その理論が教えてくる《この世の真実》というものに対して、真に耐えがたい拒否反応を起こし、この理論が間違ったものであると批判してきたのです。

しかし、今の科学情報は、そうしたことを真に正しく私たちに伝えようとはしていません。今の科学情報は、神などというものは存在しないということを大前提とした立場から、その立場を脅かす可能性のあるもののすべてを《不都合な真実》として、そのようなものはまともな科学の世界には存在していないかのように、大衆に向かって発信する情報の中から排除し続けていると言うのが真実なのです。

第四章

人とは、宇宙とは何なのか？

私たちは誰もが皆、自分が人として存在していることを知っています。しかし、なぜか不思議なことに、自分がなぜ「人として存在しているのか?」を知りません。

私たちは、自分の意思や努力の結果として生まれてきたわけではありません。そうしたこととはまったく無関係に、ある日気がつくと人としてこの世に生まれていただけです。そして、寿命として与えられた僅かばかりの年月を生き、死んでいこうとしています。

しかし、それがいったい「なぜ?」なのかを知りません。それが「何の意味を持つのか?」を、「なぜ自分がこの世に生まれたのか?」を知らず、「なぜ人生のゴールが死なのか?」を知りません。

考えてみれば、これはどこかしら奇妙で、理不尽なことのような気がします。

「この宇宙はなぜ私たちを生み落としたのか?」

私たちを生み落とし育んでいるのがこの宇宙なら、「この宇宙を生み落とし育んでいるものはいったい何なのか?」ということの何一つを知らないままに私たちは生きています。そうしたことに深く思い悩む人もいれば、全く無関心なままに生きている人もいます。しかし、その答が存在するというのであれば、その答を知りたくない人などほんとうにいるのでしょうか。

この宇宙は、今から一三七億年を遡る昔に誕生したのだと自然科学は伝えています。この宇宙には数えきれないほどの様々な銀河が存在し、その銀河の一つ一つの中にはやはり数えきれないほどの、(太陽のように核融合で光り輝く) 恒星と、その周りを公転する (この地球のような) 惑星たちが散りばめられています。

私たちの生まれた地球という星は、宇宙全体に無数に存在する銀河の中の一つである渦巻き銀河の中に存在しています。そこには数えきれないほど多くの恒星が輝いていて、地球はその恒星の中の一つの周りを公転している小さな惑星です。そして、その惑星の中に日本という小さな島国があり、私はそこに生まれました。

昭和三〇年、西暦で言うと一九五五年のことです。私が子供時代を過ごした故郷は、田畑を牛が耕し、隣の家には農耕馬が蹄鉄を打ちにくるというような、当時の日本にあっても、どちらかというと牧歌的な雰囲気に包まれた農村でした。

村立で運営されていた小学校には、敷地のすべてを取り囲むように柵をかねたお茶の木が植えられ、乏しい運営資金の足しにするためのお茶摘みや、近くの山に出かけての遠足がわりのウサギ狩りなどという行事が、正規の学校行事の中に組み込まれていたことからも分かるように、そこで行われていた授業もまた牧歌的なものであり、学習塾や受験といった言葉さえほとんど耳にすることがないままに子供時代を過ごせるような環境でした。

しかしそうした田舎の学校にも、優れた芸術のセンスや群を抜く学力を発揮して大人たちの注目を集め、幼かった私の心にも特別な印象を刻みつけるような同胞の一人くらいはいました。

学校で教わる勉強には何一つ興味が持てず、ただ朝も昼も夜も、野や山や川を駆け回ることでしか喜びを得られなかった私にとって、私が興味を示すもの、…例えば蛙を追いかけ回したり、木から木へ飛び移ったり、崖をよじ登ったり、崖から飛び下りたりして遊ぶこと… には興味を示さず、私が全く興味を持てない勉学や読書や芸術といったものに興味を示す彼は、どこか気になる存在でした。

何をしても常に親や教師の賞賛の対象となる彼に対して、私は少なからず興味を持っていたのですが、彼の方は、何をしても親や教師の嘆きの対象としかならない私には全く興味がなかったらしく、たまに私が話しかけてもほとんど無関心の態度でした。

しかしそんな彼が、たった一度だけ、私の言った何気ない一言に対して、「君は、人知れず凄いことを考えているんだな。そんなふうにこの世界を眺めている人間がいるなんて初めて知ったよ。…実際、ちょっと驚いたな」というような、奇妙な驚きと、敬意を示したことがありました。そのなぜその時の私が、そのようなことを突然思いついて話したのかは自分でもわかりません。そのようなことを当時の私はいつも考えていたわけではなく、ただ単に、その時ふと思いついて何となく話してみただけのことでした。したがって、もしその時の彼の驚きがなかったとしたら、その時自分が語った、その奇妙な宇宙観というものが、今なお自分の記憶の中に消え残っていることはなかったと思います。

しかし結果的には、その時の彼の予期せぬ驚きによって、私の口から語られたその宇宙観というものは、私自身の記憶の中に刻みつけられ、時の流れに細部を風化させながらも、今なお基本的な骨子を失うことなく記憶の中に生き続けています。

青っ洟《ぱな》こそ垂らしてはいなかったものの、およそ勉強というものには興味を示さず、ため池に出かけては池に落ちて溺れかけ、かくれんぼに熱中しては見知らぬ家の納屋に忍び込んで脇腹を番犬に噛みつかれ大騒ぎとなり、田畑を踏み荒らしながら遊び回っては肥だめにはまり、「遊んでばかりいないで、たまには勉強しろ！」という親の小言がうっとうしくて家に寄りつかず、寝食を忘れて野山を遊び回っていたある年の夏休みには、ついに栄養失調と過労で、「電球が三つも四つも見える」とうわごとを言いながら突然倒れてしまい、この飽食の時代にあって栄養失調で足腰が立たなくなってしまった子供などというものを見たことがなかった近所の藪医者に、原因不明の奇病と診断され、家には伝染病対策の消毒班を派遣されるは、本人は国立病院に担ぎ込まれるは、といった騒ぎを日常茶飯事的に引き起こしていた、このお世辞にも『賢そうな』とは言い難かった少年の脳裏に浮かんだ宇宙観とは、およそ次のようなものでした。

話した場所は放課後の教室だったように記憶しています。

そこには、理科クラブの課題研究の準備か何かのために居残っていた彼と、忘れ物を取りに戻ってきた私の二人だけがいました。

例によって、私は彼のことが気になっていたのですが、彼の方はそんな私の気配を察してか、話しかけられるのを拒否するように手にした本に目を落としたままでした。私が、話しかけようかどうしようか迷っていると、彼は、いったん目を上げて私を一瞥した後、何も話すことは無いというような表情で再び本に目を落としてみせました。

私は彼に無視されたので、彼に向けていた視線をしかたなく彼の読んでいた本に向けました。その時彼が読んでいたのは、天体写真の掲載された子ども向けの図鑑のような本でした。私は、そうした天体写真にもほとんど興味はなかったのですが、なぜかその時にかぎってその天体写真を見ている内に不思議なことを思いつき、そのことを伝えるために彼に近づいていきました。

「あのさぁ、そうやって夜空には沢山の星がきらめいているじゃない（実際、道といえば雑草の生い茂った獣道のような道しかなく、自動車に出くわすよりは、何かに驚いて暴走してくる暴れ牛に出会う確率の方が高く、地球の大気そのものが今より遙かに澄みきっていた当時のわが故郷の頭上には、夜ともなれば天の川と呼ぶにふさわしい、無数の星たちがきらめいていました）。でもさぁ、そうやって夜空にきらめいている星たちの一つ一つは、それぞれがものすごく遠くにあるんだよね。何年とか、何十年とか、何万年とかかかるほどに遠く離れて存在しているわけじゃない。…だったらさぁ、僕たちが夜空に見ている星たちの輝きというのは、それぞれが、何年、何十年、何万年といった時間をかけてこの地球まで辿り着いているわけだから、そうやって写真に写っている星たちも、僕らが毎晩見ている夜空の星たちも、何年前、何十年前、何万年前といったバラバラの過去に存在していた星たちの映像の寄せ集めであって、その瞬間に存在している、あるがままの宇宙の景色じゃないということになるよね。…ぼくらが見ている宇宙というものは、地球からの距離に比例した、それぞれの過去の一瞬一瞬で切り取られた星や銀河たちの映像の寄せ集めだということに」

「……」

「それに、厳密に言えば、すべての星の位置関係だってまったくのでたらめだということになるよね。だって、すべての星たちはそれぞれの軌道を移動しているわけだから、もしこの星が地球から一〇〇光年離れていて、その隣の星が一万光年離れているとしたら、その二つの星の位置関係は九九〇〇年分ずれているはずだからね。そしてそれは、その他のすべての星たちにも言えるんだ」

「……」

「だとすれば、僕らが見ている夜空や宇宙の正体って、いったい何なのだろうね?」

私は今でも、なぜ自分がその時そんなことを思いつき話したのか分かりませんが、気がつくとそのことが頭の中に思い浮かんでいて、それをそのまま彼に話していました。そして、いったん話してしまうと急にすっきりしてしまい、その後は二度とその話を他の誰かにすることはありませんでした。

そうしていったんは完全に脳裏から消え去った宇宙モデルでしたが、三〇数年を経たある日突然甦り、頭の中にさらに不可思議なことを思い描かせてきました。それは、『…だとすれば、私たちが今目の前に見ている風景もまた、それと同じことになってくる！』というものです。

つまり、『私たちが現実として見て、体験している日常の風景もまた、すべてが、それぞれに違った距離を隔てて存在しているものなのだから、その時自分の目の前に実在している世界の真の風景ではなく、自分の目と対象物との距離に比例した過去の映像を秩序正しく寄せ集めて再構築された虚構だということになる』と。


例えば今、私たちが空に雲と月と太陽を同時に見ていたとします。その時私たちは、何の疑いもなく、今目の前に、自分が見ている通りの雲と月と太陽が同時に存在しているのだと信じます。しかしそれは完全な勘違いであって、真実ではありません。

その時私たちが見ているものは、その瞬間にこの宇宙に実在している雲や月や太陽の姿ではなく、その距離から計算して、およそ八分二〇秒前の過去に存在していた太陽と、一・三秒ほど前の過去の月と、〇・〇〇〇〇一秒ほど前の過去の雲を、その時、同時に見ているということでしかないということなのです。

そしてそれは、『われわれが現実として見て体験しているすべてのものの本質である』ということになるのです。

厳密に言えば、私たちはいまだかつて誰一人として、一度も実在する世界の姿をあるがままに見たこともなければ体験したことはありません。

私たちが現実として、見て、体験しているもののすべては、三〇センチ前のものは〇・〇〇〇〇〇〇〇〇一秒前の映像であり、三メートル先のものは〇．〇〇〇〇〇〇〇一秒前の映像であり、三〇メートル先のものは〇・〇〇〇〇〇〇一秒前の映像であるというように、バラバラの過去に存在していた世界の映像の秩序正しい寄せ集めでしかないのです。

そしてその事実が意味していることは、『例えこの先どれほど科学が発達したとしても、この世の秘密を解きあかすどころか、今この瞬間に、一億五〇〇〇万キロ離れた場所に存在している〈今という瞬間の〉太陽がどうなっているのかを知る方法すら、自然は私たち人類には与えていないのだ』ということなのです。『私たちが知ることができるのは、永遠に八分二〇秒前の太陽の姿であって、太陽を観測しているその瞬間に実在している太陽の姿ではあり得ないのだ』ということになるのです。

『例え今この瞬間に太陽が消滅していたとしても、その後の約八分二〇秒の間はすでにこの宇宙から消え去っている過去の太陽の姿を空に見ながら私たちはそのことを知ることができないまま生き続けることになるのだ』ということに、です。

小学校の校舎でその後、私と彼との間にどんな会話があったのかは覚えていませんが、この不思議な考えが脳裏をよぎったころを境にして、私は自分の中にある不思議な変化が起こったことは覚えています。

その変化とは、この出来事を境にしたあたりから、私の興味が、自然を相手にただ面白おかしく遊び戯れることから、『この宇宙は何によって生み落とされ、何のために存在しているのだろう？』というような、哲学的なものへと急速に変化していったことです。

『この宇宙には時間的な始まりがあるはずだ。だとすれば、この宇宙の誕生以前、時間が始まる以前には一体何が存在していたというのだろう？』

『なぜすべての生物は、死によって消え去るために生まれてくるのだろう？』

『そもそも、自分とは何なのだろう？　自分というものは、どのようなメカニズムでこの肉体の中に生み出され、肉体の死によって、どのような運命を辿ろうとしているのだろう？』と。

しかし、だからといって、根っからの勉強嫌いの私には、そうしたものの答を学問のなかに追い求めようという気は、最初から最後まで起こりませんでした。それは、既成の学問を学び尽くしたとしてもその答がどこにも存在しないことを本能的に知っていたことにも原因がありましたが、それ以上に、人として持っているべき根本的な向学心があまりにも欠如しすぎていたからです。

そのため、科学や宗教、哲学といったものに漠然とした興味はあったものの、自然科学の何一つを、宗教、哲学の何一つを専門的に学ぶことのないままに、ただただ、その日その日の営みの中に気楽さと気儘さを追い求め、惰眠を貪るような人生の中に身を置き続けました。

しかし、どのような気儘な人生の中に生きていた時であっても、私が、『この宇宙は何によって生み落とされ、何のために存在しているのだろう？』『自分がこの宇宙の中に生まれ、今現在こうして生きているということは、自分を生み落としたこの宇宙と、この宇宙に生み落とされた自分にとって、一体何の意味があるのだろう？』といった思いから解放されることはありませんでした。

そうした思いはいつでも、日々の喧騒を経験した後に帰り着かなければならない部屋の片隅の静寂の中で私を待っていました。そしてそれは、次第に私を、「その答がわからない限り、この先自分はどのように生き、どう死と向き合っていけばいいのかがまったくわからない」というような苦悩の中へと追い込んでいくことになりました。

そうした日々のふとした瞬間しゅんかんに、私の心を不思議な力で惹《ひ》き付けたは、あの《神》という不可思議なものでした。

そして、そうした時々に自らの心の動きに激しく抵抗し、その奇妙なものへの興味から目をそらすように促し続けたものは、狂信というものによって世界中で引き起こされる血塗られたニュースを嫌というほど見せつけられてきた理性でした。

しかし、それでもなお私の心は、狂信や、狂信を生み出す宗教というものに対してはどれほど救いがたい憤りや愚かさや嫌悪を感じたとしても、なぜか、そうしたものの背後に佇み潜む、あの《神》という不思議なものに対してだけは、真の拒否も嫌悪も感じることはできなかったのです。そうしたときに私の心に思い浮かんだのは、ただ単純に、『人々を、あれほどの愚かさや、偽善や傲慢さや、残忍さに駆り立てる《神》というものの正体とは、いったい何なのだろう？』という素朴な疑問でした。

私たちという存在は、自然が、自然を材料として、自然の中に生み落としたものです。したがって私たちの中で機能している知性や心といったもののすべては、自然の力の顕れ（つまり自然現象）以外の何ものでもあり得ません。そう考えたとき、私には、なぜそのような自然の力の顕れでしかない私たちの知性や心が、《神》などという自然を超越した奇妙なものの存在を私たちに暗示し続けているのかが理解できませんでした。

そしてそうした思いの中で最終的に私の思惟が辿り着くのは、常に、『神とは実在するのだろうか？　それとも、実在しないのだろうか？』という疑問でした。

思えば、『神は、果たして実在するのか？　それとも、しないのか？』というテーマは、私たち人類が知性というものを手に入れて以来、いつとも知れない悠久の過去から今日に至るまで常に直面し続けてきたものです。

私たちが人類の歴史を振り返ってみた場合、私たちはそこに、言語や人種、社会思想や政治形態、風土や風習や文化のすべてを異にし、物理的に接触することを知らなかったあらゆる場所と、幾千年の時を隔てて生きてきた人々のすべてが、たった一つの例外もなく、あの《神》という不可知な存在への何らかの信仰を持ち、それを生命哲学や自然観や社会思想の基盤として生きてきたことを発見し、現代のように、『神は妄想である』という絶対的な唯物論を基盤とした社会思想の下に人生を築いていこうとしている社会というものが極めて特異なものであることに気づかされます。

ある種の人々は、そのことについて、「それは、人類の知的進化の勝利である!」と主張してきました。「われわれは、かつての人類が、壮大な自然の営みの中に畏怖や幻影として見出し続けてきた神というものに対して、『それは、人類が知的に未成熟であった間だけ自らの無知の中に見ていた幻影である』として、ついに社会から排除できるまでに知的進化を遂げたのだ!」と。

しかしその一方で私たちは、真に冷静になって知的世界を見渡すならば、かの偉大な科学者ルイ・パストゥールが、「科学の道を少し進むと神から離れるが、さらに極めればこれに回帰する」と述べたように、あるいは、近代自然科学の父と讃えられるガリレオ・ガリレイが、娘を修道女にするほどに敬虔なカトリック教徒であっただけでなく、地動説を支持した時には、その考えが異端であるとしてカトリックの司祭たちによって宗教裁判にかけられ、危うく火あぶりにされそうになったにもかかわらず、「それでも地球は回っている」という有名な呟きとは別に、「地動説を異端とする誤りは聖書の教えの中にあるのではなく、聖書の教えを正しく理解できていない人の側にあるだけのことだ」として、死ぬまで敬虔なカトリック教徒であり続けたように、あるいは宇宙モデルの金字塔であるビッグバン宇宙論を考えついたアンリ・ルメトールが天文学者であ

郵便はがき

料金受取人払郵便

小石川局承認

6914

差出有効期間
平成26年4月
30日まで

112-8790

105

東京都文京区関口1-23-6

東洋出版 編集部 行

ご提供いただいた個人情報は、今後の出版活動の参考にさせていただきます。それ以外の目的に使用することはございません。

ふりがな		歳	男・女
お名前			
ご住所	〒　　　ー		
e-mail	@		
ご職業	1. 会社員　2. 経営者　3. 公務員　4. 教育関係者　5. 自営業 6. 主婦　7. 学生　8. アルバイト　9. その他（　　　）		
ご購入のきっかけ	1. 新聞広告（　　　新聞）　2. 雑誌広告（　　　） 3. その他の広告（　　　） 4. 書店店頭で見て　5. 人にすすめられて 6. その他（　　　）		
ご購入店	市・区　書店名（　　　）		

東洋出版の書籍をご購読いただき、誠にありがとうございます。
今後の出版活動の参考とさせていただきますので、アンケートにご協力いただきますよう、よろしくお願い申し上げます。

2013年10月の新刊　＊ご購入の書籍をお教えください

- □ 私の髪はあなただけに
- □ 科学の中の宗教　宗教の中の科学
- □ 幸福論の贈りもの

●本書をお読みになったご感想をお書きください

●本のデザイン（カバーや本文のレイアウト）についてご意見をお書きください

●今後読んでみたい書籍のテーマ・分野などありましたらお書きください

ご協力ありがとうございました

社用欄

ると同時に神父であったように、…そしてさらに、二〇世紀の科学史に不滅の天才として名を残しているアインシュタインが、「宗教の無い科学は目が見えないのと同じであり、科学の無い宗教は手足が不自由なのと同じである」として宗教に高い価値を見出し、科学論争の場に神という概念を度々持ち出していた時期があるように、科学の申し子と呼ばれるような知性の持ち主たちの中にも、敬虔な神への信仰を持つ人々が数多く存在しているという事実と、それとは逆に、まともな教養もなければ学識もなく、人間としての知性のかけらも見出せないような愚劣な人々の多くが、無神論者であり、唯物論者であるというもう一つの事実が存在していることも知ることができるのです。

しかも、私たちが真に冷静になって人類の歴史を振り返ったならば、幾千年の昔から、人類には神を信じる人々と無神論を信じる人々が存在し、その分布は、学識や知性に優れた人々ほど無神論を支持し、学識や知性の劣っている人ほど神への信仰に陥りやすいなどという事実はどこにも存在していないことを知ることができるのです。

だとすればどうして、近年になって急に、人類が社会から神への信仰を排除することを一つのテーマとして文明を築き始めたからといって、そのことが即ち、『人類の知的進化の証である』というような主張に一方的な正当性を持たせるものであり得たりするのでしょうか?

しかも、そのような現代にあってさえ、《神》というものは未だに、これまで科学が発見してきたいかなるものより、絶対的な関心事であり続けているのです。

「神は実在するのだろうか？　しないのだろうか？」

恐らくこの問い掛けは、人類が知性というものを手に入れて以来、常につきまとい、決して離れることのなかったものに違いありません。私たちは、自らのアイデンティティの完成が、この問題の解決なしにはあり得ないことを本能的に知っています。したがって私たちにとって、「神は実在するのか？　それともしないのか？」というテーマに対する答を探求しようとすることは、人としての知性を授かった以上、避けることのできない、最も重要で、最も自然な行為であると言えるものです。

にもかかわらず、私たちが生まれ育った世界には、そうした思いを口にする人々に対して、「この人の知性は、人類が今まさに分子生物学によって遺伝子の神秘を解きあかし、理論物理学によって宇宙の成り立ちの謎を解きあかそうとしているこの科学の時代に生まれてさえ、科学的考察を通して自然を理解することのできない、何と哀れむべき愚かなものなのだろう』というようなあからさまな嘲笑を与え、「科学の存在こそが人類の叡知の証明であり、神への信仰を促す宗教の存在は人類の愚かさの証明にすぎない」と、高らかに宣言するような人々が大手を振ってはびこっているのです。

しかも、そうした人々のすべてがたった一人の例外もなく、「今まで科学によって神の存在が否定されたことは一度もなく、例えこの先、どれだけ科学が発達していったとしても、科学によって神の存在が否定されるなどということは、原理的に起こり得ないことである！」というもう一つの科学的な真実が存在していることを実は知らないのです。

確かに、多くの人々の漠然とした思い込みの中には、「神の存在は、自然科学によって否定された」というものがあるかもしれません。少なくと「神は実在しない！」ということは、科学者にとっての「暗黙の了解事項である」と考えているかもしれません。

しかし、それは事実ではありません。

なぜなら、自然科学的な手法によって神の存在が否定されるなどということは、原理的にあり得ないことだからです。このことは、簡単な形而上学によって証明できます。それは、この世にこれほど簡単に証明できる論理的証明は無いのではないかと思えるほどに簡単に証明できることです。

以下はその証明です。

そもそも、自然科学とは何らかの対象物を調査研究することによって、その属性や実体を解明していくものです。したがって、もしどこかの科学者が神の実在を否定したいと思うのであれば、その科学者は、この宇宙を自然科学的な手法で調査研究することによって「この宇宙のどこにも神などというものは実在していない」ということを証明しなければならないことになります。

しかし、自然科学というものが、この先どれほど発達していったとしても、その観測技術に何らかの物理的限界が存在し、それを取り扱う人間の知性にも明らかな知的限界が存在している以上、その厳然たる事実が私たちに突きつけ続けることは、「われわれがいかに自然界を調査研究し尽くしたとしても、自然の中には、そうした人類の物理的観測や知的探求によっては発見されることも理解されることもあり得ない何ものかが、必ず、われわれの行う観測の物理的限界や、知性が抱え込んでいる知的限界の外に潜み続けているということの、逆説的証明以外の何ものでもあり得ない』ということでしかないのです。

それでもなお、科学者を自称する誰かが、何らかの手段によって「私は神などというものがこの世に存在しないことを明らかにしたい」と言うのであれば、残る手だては一つしかありません。それは、神そのものを研究対象として、それがこの世に実在しないことを突き止めることです。しかしこの場合、その誰かが神について科学的に調査研究できるのは、神が実在している場合だけです。なぜなら、もし神が実在していないのであれば、その科学者は、科学的に調査研究すべき対象そのものを持つことができないため、それを調査研究した結果を手に入れることは不可能だからです。

したがって、もしこの先誰かが科学者として、「私は、神などというものがこの世に実在しないことを明らかにできた」と宣言するようなことがあったとするならば、その主張の中には、その科学者が、神という対象物を科学的に調査研究したのだという前提条件をも自動的に含んでしまうために、そのこと自体が逆説的な意味での『神の実在の証明以外の何ものでも無い！』ということになってしまい、科学者である誰かが、真に科学的な手法の中で神が実在しないことを突き止めるなどということは、完全なパラドックスであり、『原理的に起こり得ないことである！』ということになるのです。

そしてそのことは、自然科学に対して、皮肉にも、つぎのような判決文を永久に突きつけていくことになります。

即ち、「自然科学は、『神は実在するのか、しないのか？』という問い掛けに対して、神の実在を発見したときにのみ、その質問に対して答える資格を持ち得るが、その逆の場合、…つまり、神の実在を発見していない時には、神の実在を肯定する資格と否定する資格の双方を持ち得ない」と。

ですから実際のところ、神の実在を信じないことが科学的なものの考え方であり、神の実在を信じることは非科学的なことであるというような類の話はまったくのナンセンスなのです。あまりにナンセンス過ぎて、さすがにこうしたことを科学の世界において真に科学的な見解として主張したまともな科学者は、人類の歴史の中にただの一人も存在していません。

したがって、「神が実在しないことは、科学の世界では万人が認める暗黙の了解事項である」といった類の思い込みは、実は科学的な土壌から発生したものではなく、逆に、自然科学というものに対する無知を基盤として生み出されているものなのです。

もちろん、科学者の中には、科学者としての立場から一般大衆に向かって、「神などというものは非科学的な妄想であり、そのようなものは存在しない」と言うような人々は大勢います。しかし、それを聞かされる時私たちが決して勘違いすべきでないことは、その主張が科学的な主張として語られているわけではないということなのです。

それはいつの場合でも科学的な主張ではなく、科学者としての彼が、科学の立ち入ることのできない心の世界に抱え込んでいる、『無神論』という個人的な思想にすぎないのです。

たしかに、未だ科学的に神の実在が発見も予測もされていない以上、神の存在を信じることは決して科学的なことではあり得ません。しかしそれでもなお、それは、科学によって神の実在を否定することが原理的に不可能なものであるにもかかわらず、神の実在を科学的に否定しようとすること以上に非科学的なことでもあり得ないのです。

したがって、科学の歴史を繙《ひもと》けばおのずとわかるように、真に偉大な科学者たちは、「科学の道を少し進むと神から離れるが、さらに究めればこれに回帰する」というような態度の中で、自然の偉大さの前に謙虚であったように、神という存在に対しても謙虚さを失うことはなかったのです。

それでもなお、ある種の人々は、「神はいるのだろうか？　いないのだろうか？」「自分と足下に転がっている石とは、共に単なる原子の寄せ集めでしかないはずなのに、われわれには命や心や知性が存在し、なぜ石にはそれが存在していないのだろう？」「そもそも人は何をするために生まれ、何のために死んでいこうとしているのだろう？」というような疑問と真面目に向かい合おうとするような人々を、あからさまに物笑いの種にしようとします。「そんなことに頭を悩ませて生きる人生の、いったい何が面白いと言うのだ。それより人にはもっと他にやるべきことがあるはずだ。もっと面白おかしく人生を楽しむためにやるべきことが…」と。

しかし、果たして本当にそうなのでしょうか？

少なくとも私には、こうした疑問に対する〈真理〉としての答が得られないのであれば、この世でどれほど面白おかしい日々を過ごしたとしても、どれほどの偉業を成し遂げ、どれほどの富や名声を得、どれほどの知識や権力を人生の中で獲得していったとしても、そうしたことがいったい何の意味を持つというのかが、逆にまったくわかりませんでした。

なぜなら、もし仮にこの世が本当に唯物論者たちが考えているようなものとして存在しているのだとするならば、私たちは、「この世に生み落とされたすべてのものは、自分という存在がいかに無意味なものであるかということを〈死〉によって思い知らされるためにだけにしか存在していないのだ」ということになってしまうからです。

その時、誰がどう詭弁を弄したところで、私たちの存在と、私たちを生み落としたこの宇宙の存在は、私たちが眠りの中で体験している夢の世界よりもさらに虚無的なものへと姿を変えていきます。

眠りの中に存在する夢の世界には、それが目覚めによって消え去ったとしても、それを夢として体験し、夢として記憶しているものが存在しているのに対して、私たちが人生として築き上げ、知識として学び、出来事として経験してきたもののすべては、自らの死によって消え去り、自らの中には何も残らないからです。

だとすれば、私たちの存在と、その私たちが喜びや悲しみ、希望や挫折や努力の中で築き上げていく人生や社会や文化や歴史といったもののすべては、虚無以外の何ものでもあり得ないということになってしまいます。

もしその時、私たちの存在が何らかの意味を持ち得るとすれば、それは無へと消え去っていく私たち自身にとってではなく、後に残される者たちや、その者たちを育んでいる世界にとってです。しかし、そこに生き残っていくもののすべてと、その者たちを育んでいる世界のすべてが、同じように、遅かれ早かれ時間の問題として無へと消え去っていくというのであれば、この世に生み落とされたものにとって、「意味を持つものなど何一つ無い！」といわざるを得ないことになります。

その時、この世に生み落とされた生物のすべては、生存競争に勝ち残っていくことへの意味を見失い、私たち自身も、これ以上自分の人生に待ち受ける苦難を乗り越えながら生き続けていこうとすることへの、いかなる意味も見だすことが不可能になってきます。

その時、世の wake

知り顔した大人たちが、子供たちに説いて聞かせようとする『命の大切さ』などというものは完全な空論となり、いかなる説得力も持つことはできなくなります。

その時その言葉は、ただ単に、そう他人に言い聞かせようとする人々の根本的なこの世の成り立ちに関する無知と、自らの無知に気づけていない愚かさ、愚かさゆえのお節介さを証明するもの以外の何ものでもあり得ないことになってきます。

そして、この事実を知った人々にとって、生命の尊厳を基盤として存在している、常識や、倫理や道徳、法律といったもののすべては、この世の真の成り立ちを理解できない愚者たちが生み出している迷妄にすぎなくなり、知性や理性に対する一切の支配力を失っていきます。

その時、唯物論が教えるこの世の真の正体を知ってしまった者たちにとって、自らの人生に何らかの存在意義があるとすれば、それはこの世にやりたいことがある間だけ、常識や倫理や道徳や法律といった自らの自由を制限しようとするもののすべてを無視して、それが例え全世界を敵に回すような犯罪であったとしても、自分が信じるままに、好き勝手にやりたいことだけをやり尽くすように生きながら、都合が悪くなったその時点で、社会の制裁を受ける前に、いかに躊躇なく、自らの手で自らの命を絶って〈死〉というゴールへ逃げ込めるか、ということぐらいしか存在しないことになってきます。

その時、唯物論を真に理解している人間がそうした生き方を実践しないのは、ただ単にそうした生き方を実践する勇気が欠落していることを意味しているだけであって、決してその誰かの中に、そうしたことが悪いことだという思いが存在していることを意味してはいません。

少なくとも、真の唯物論は、それを理解する者たちに対して、そうした生き方を批判する知的根拠を根こそぎ奪い去ってしまいます。

これが、よくも悪くも唯物論の正体です。

唯物論というものが、その真実を理解した人々に対して、「人生というものは、ただ単に、人生というものがいかに無意味なものであるかということを〈自らの死〉によって思い知らされるためにだけにしか存在していないのだ」と宣言せざるを得なくするようなものであることは、まぎれもない事実です。

しかし現実問題として、どのような頑な唯物論者を自称する者であったとしても、このような虚無的な人生観や、人生哲学の中に身をおいて生きていくことはできません。その結果、そうしたあらゆる唯物論者たちが、自分と、自分を育んでいる世界に対して、何らかの存在意義を見出すための様々な思想や哲学を建設して論じます。

しかしその時彼らの口から語られる社会思想や、生命論、人生哲学といったもののすべては、彼らの唯物論に対する根源的な部分での無理解か、そうでなければ、唯物論が彼らに突きつけてくる、真に虚無的な事実を直視することのできない彼らの心の弱さが生み出していく、その場逃れのご都合主義的な詭弁やきれいごとにすぎません。

しかしそれでもなお、そうした唯物論というものが真実であるとするならば、それがどれほど理不尽で悲劇的なものであったとしても、私たちは自らに授けられた知性によってその真実と正面から向かい合いそれを受け入れなければなりません。

まちがいなく、それが知性を授かったものの取るべき態度であり、そのとき間違っても、自らの心の弱さを露呈するような、現実逃避的な奇麗事やご都合主義的な詭弁や幻想のなかに救いを求めるようなことをすべきではないはずです。

しかし、問題は、それが「真実であるかどうか?」であり、神が「本当に虚構なのかどうか?」なのです。

なぜなら、それがそのまま、「われわれは何のために生まれ、何のために生き、何のために死んでいこうとしているのか?」ということの答を、直接左右するものだからです。

第五章

ゴールとして用意されている死の持つ意味

私たちの人生というものは、よくよく考えてみると実に奇妙なものです。

私たちがその中で何を考え、何を行い、何を体験し、何を築き上げ、何を手に入れたとしても、すべては、遅かれ早かれ時間の問題としておとずれる死によって、夢幻《ゆめまぼろし》と消え去っていくことを前提としてしか存在していません。

そしてそれは、厳密な唯物論の中で考えるならば、私たちが死んだ時、私たちの人生というものは最初から存在しなかったこととまったく同じことにならざるを得ません。

だとすれば私たちが生まれ、人生を生き抜くことの意味とは、「一体何だ?」ということになるのでしょう?

「自然はなぜ、すべての生物を、死をゴールとして生み落とし続けているのだろう?」

「なぜわれわれは、いずれ必ず死ななければならない宿命の下に生まれてきているのに、その人生に待ち構えている数限りない苦難や悲しみを乗り越え生き続けなければならないのだろう?」

自らの心に沸きおこるこうした問い掛けと向かい合ったとき、ただ途方に暮れて立ち尽くすより他に為す術を知らなかったのは私だけなのでしょうか?

そうした苦悩の最も強い洗礼を受けていた頃、私は実家を離れ、熊本市内の一角に下宿しながら一年ほど暮らしていました。表向きは予備校に通うためでしたが、実際には予備校に通うどころか参考書の表紙すら捲らず、だからといって何をするでもなく、漠然とこの先自分がどこへ流れ着けばいいのかを考えながら鬱々とした日々を生きていました。

この世に無意味なものがあるとすれば、それは学校という教育の現場で与えられる愚にもつかない知識だと感じていた私は、高校を卒業することで、やっとその虚無の呪いのような生活から逃れられると思っていたのに、この先四年間も、再び新たな勉学の名を借りた虚無の牢獄の中に身を置いて生きていかなければならないなどということは、到底耐えられそうにありませんでした。

しかし、人生というものが、自分が何かを望めば望むほど、その望みを打ち砕こうとする障害を用意しているのは世の常です。私もまた、学歴というものにこだわる両親の泣き落としのような脅迫にあい、どうしても大学受験から逃れられずにいました。

振り切ることのできない親の思いと、興味の持てない受験勉強に身動きを奪われた状態で精神的に追い詰められていく日々は、どこにも救いを見出すことのできない暗鬱たるものでした。今でも、自分の人生の中で一番精神的に追い込まれていたのはこの時期だと感じることがあります。

しかしまあ、何はともあれ、私は受験生であるにもかかわらず、受験勉強など何一つせずに、映画を見たり、パチンコをしたり、愚にもつかない白昼夢に浸ったりといった日々を生きていました。日雇いの土方などという、それまで経験したことのないアルバイトをしたのもそんな日々の中でした。

パチンコに負け続けて金に困っていた私は、似たような境遇に身を置いていた下宿仲間と一緒に、日雇いの仕事にありつける場所があるという話を聞きつけて出かけていきました。県道わきにあるその場所である時間まで待っていると、どこからともなく手配師を乗せたトラックやワンボックスカーがやってきて、必要な人数を調達してその日の仕事現場まで出かけていくという、そういう仕事の捜し方のできる場所です。

時は、ちょうどドルショックの頃で景気が悪かったらしく、その場所には毎日仕事を求める一〇〇人近い人々で溢れかえっていたにもかかわらず、求人は極端に少なく、仕事にありつけるのは全体の二～三割でした。それだけ競争率も激しく、一台の車がとまると賃金や仕事の内容のことなど何一つ聞くことをせずに、水面に投げられた餌に群がる養殖魚のように、われ先にと他人をかき分けながら手配師の乗った車めがけて突進しなければなりませんでした。

日当は二〇〇〇円か二五〇〇円が相場で、まず食事がつくことはありませんでした。そのため、パチンコに負けて切羽詰まったときにしか働かなかった私は、たいていの場合、そうしてありついた仕事を、昼食抜きで、時にはジュース一本飲まずに丸一日働くことになりました。

その場所に初めて足を運んだときのことです。

私たちは路上で見知らぬ若い女性に突然、「おはようございます！」と大きな声で挨拶され、驚きながらも反射的に、「あ、おはようございます」と応えたことがありました。

人違いでもされたのかと思っていたら、そうではありませんでした。よく見るとその女性は道行く人すべてに向かって、「おはようございます！」と挨拶し、深々と頭を下げていました。わずかな間があった後に、その女性は気が狂っているのだと気がつきました。気が狂った人間を目の当たりにしたのは初めてのことでした。

その女性はただひたすら、道行く人々に向かって大きな声で挨拶をし続けていました。そしてそこを通る誰もが見慣れた光景として通りすぎていき、誰一人挨拶を返す人はいませんでした。それでもその女性は挨拶を続け、通行人の無視がある程度続くと、「挨拶をされたら、挨拶を返すのがマナーというものですよ」というような注意をし始めました。

注意し終わると、誰も自分の呼びかけに応えてくれないことを思い知らされるまで再び大きな声で挨拶を繰り返し続け、ある瞬間にスイッチが切れたように挨拶を止めると、急に虚ろな目を足下に落としたまま、道端の縁石に座って手配師の車を待っている私たちの横に近づいてきて腰を下ろし、ぼんやりし始めました。

彼女はなぜか、私たちが来ているときは必ず私たちの横に腰を下ろして休んでいました。それは、私たちが彼女に対して、露骨に好奇の目を向けたりからかったりしなかったせいかもしれません。

目の前を通りすぎて行く車を、虚ろな視線で眺めて過ごすその姿だけ見ていると、とても気が狂っているようには見えませんでした。彼女はしばらくそうした後、再び自分がやるべき仕事を思い出したかのように立ち上がり、道行く人々に向かって挨拶をし始めるのが常でした。そして人々は誰一人の例外もなく、彼女が存在しないものであるように無視しながら通りすぎていきました。その繰り返しの中で、彼女の人生は過ぎていきました。

それを思うと、何か不思議な気がしたものです。なぜあの女性は、道行く見知らぬ人々に向かって、来る日も来る日も挨拶を投げかけ続けていたのだろう?

「誰かに挨拶されたら、挨拶を返すのがマナーというものですよ!」

彼女の言っていたことはまったくの正論でした。なのに、人々はその言葉を無視し続け、その女性など存在していないかのようにして通りすぎていきました。多分それは、彼女が気が狂っていることを皆が知っていたからに違いありませんでした。私自身も、挨拶を返したのは最初に声をかけられたときの一度だけでした。そして、彼女が気が狂っているとわかったときには、自分が挨拶を返したことを心の中で失笑していました。

…でも、それはいったいなぜだろうと思うことがあります。私はなぜその時、彼女に挨拶を返したことを失笑する必要があったのだろうか、と。その時のことを振り返ると、何かひどく間違ったことをしたような気がしてくる瞬間があります。その時のことを思い出す時、もしかするとあのときの彼女は、私たちに向かって挨拶を投げかけることで、私たちの世界が、もう一度自分が帰るのに値する世界かどうかを心の奥深いところで探っていたのではないかというような気がしたりします。

もしあのとき、私たちの誰もが、彼女の投げかける挨拶に対して、「おはよう！」と笑顔で応えるようなものであったとしたら、彼女は自分の傷ついた心に鞭打ってでも、こちら側の世界に帰るつもりでいたのではなかったのだろうかと、ふとそんな気がしてきたりするのです。

これは大学時代の友人に聞いた話です。

彼の家は、初詣の参拝者の数が多いことで有名な大阪のとある神社の近くで、不動産を扱う会社を経営していました。そのビルの一、二階が会社で、その上の階が彼の家族の住居でした。会社の玄関と自宅の玄関が隣り合わせていたため、ほとんどの社員と彼は顔見知りでした。

彼とわりと仲のよかった新入社員の一人が、入社して何ヶ月か経った頃、突然つまらないミスを繰り返すようになり、上司がそのことを叱責すると、今度は遅刻が多くなり元気もなくなっていきました。そこで上司は、叱るよりも励まそうと思い、皆で思いっきり盛り上がって見せることにしました。

それが功を奏してか、その社員には再び以前の笑顔が戻り、つまらない失敗も遅刻も無くなり、以前にも増して元気に仕事をこなすようになりました。

皆が安心しきっていたある日、彼は突然無断欠勤をしました。電話をしても連絡はつきませんでした。しかたがないので、手の空いている社員がその人のアパートを訪ねることになり、友人も気になったので同行することにしました。

部屋をノックしても応答がなく、二人は管理人に頼んでドアを開けてもらうことにしました。部屋の中は電気が付けっぱなしで、ひどく散らかっていたそうです。しかし、部屋のどこにもその人の姿はありませんでした。

しかたがないのでそのまま引き上げようとしたとき、押し入れの中からかすかな物音が聞こえてきました。誰かが潜んでいるような物音です。不審に思い、押し入れを開けると、そこには手にしたパンを細かくちぎって床の上に並べている彼の姿がありました。

驚いた同僚が、「何をしているんだ？」と声をかけると、彼は怯えたようにパンを掻き集め、「僕が食べるんだ。全部、僕が食べるんだ！」と叫びながら食べ始めたそうです。

ただ、それだけの話です。

たぶん今の社会なら、世界中のどこにでも転がっている類の話かもしれませんが、私はこういう人たちの話を聞いたり、実際に目にしたりするとき、いつも心の中で一つの情景を思い浮かべてしまいます。それは、私が勝手に思い描く、人の胸の奥にある、深い闇に閉ざされ森のことです。

森には番人のような熊が住んでいて、その森に近づことする者があると、「ここはお前たちの来るところじゃないんだ。こんな森があることなんか忘れて、さっさと元の世界へ帰れ」と、追い返してくれます。

しかし、迷い込んできた者があまりに深く傷ついていたり、何かに怯え震えていたりすると、つい追い返すタイミングを逸してしまいます。熊は優しすぎるのです。

そして、熊は言います。

「本当はいけないんだ。この森には誰も入れちゃいけないんだ。でも、君がどうしても元の世界へ帰りたくないと言うのなら来ればいいよ。森の奥には、僕が冬眠のために掘っておいた洞穴があるんだ。誰かがやってくると、この森は冬の帳に閉ざされる。一緒に眠るかね。永い眠りになると思うけど…」

熊の掘った洞窟には、もう彼らを傷付けるようなものは何一つありません。彼らは安心したように身を横たえ、そして、森は静かに閉ざされていきます。

私は気が狂った人々というのを、ある意味で、戦場で傷つき、一足早くリタイヤしていった同胞のように感じるときがあります。私たちはまだ戦場にいますが、彼らは傷つき、他人と戦うことを免除され、別の場所で傷ついた自分の心の痛みと戦っているのだと。どんな人の胸の奥にも、閉ざされた森はあるし、心優しい熊は住んでいるのだと。熊の住む森に迷い込んだまま眠り続ける人たちがいても、それはそれでいいのではないかと。それがその人たちの望みであるのなら、そしてそれが許されるのであれば、ずっとそこに居させてあげたい気もする、と。

…しかしそうは言うものの、こうした人たちのことを考えるとき、『この人たちが生まれてきたことには、いったい何の意味があったのだろう?』という思いがよぎることも、正直否めないことでした。

しかしその思いも、ある瞬間を境にして、私の中で力を失っていきました。なぜならその時、その疑問が、そっくりそのまま私自身に対する問い掛けとして、どこからともなく投げ返されてきたからです。

「では聞くが、この世で何をなし、何を知り、何を獲得していったとしても、死によってそのすべてを帳消しにされることを前提としてしか存在していないお前の歩んでいる人生に、彼らの陥っている人生以上の、どんな存在価値があるのかをお前は言うことができるのか?」と。

この問い掛けに、迷うことなく答えることのできる人はいるのでしょうか。

少なくとも私は、何一つの答を見出すことはできませんでした。

私たちは誰一人の例外なく、必ず死にます。私たちの人生は、生まれ落ちたその瞬間から始まる、死というゴールに向かって突き進む行進です。そしてもし、死というものが、私たちの存在を完全なる無へと消し去ってしまうものであるならば、私たちが人生の中で何を体験し、何を知り、何を行い、何を獲得していったとしても、最終的に、それがいったい何の意味を持つというのでしょう。私にはそれが分かりませんでした。

考えてみれば、《死》とは実に奇妙で、不思議なものです。

すべての生物に対して、真に平等で絶対的な支配権を持っているものがあるとすれば、それはこの《死》です。すべての生物は自分の意思で何かを拒否することはできたとしても、死を拒否することだけは絶対にできません。すべての生物に与えられている、生存環境、身体能力、個性や運命といったものは様々であるにもかかわらず、そうしたすべての生物に対して《死》というものだけは最終的には完全に平等な立場を取り続けます。

死というものは、自らの背後に隠されている秘密というものを、いかなる研究努力によっても、そのものが命を持っている限り、決して明かしてみせることはあり得ないという点においても徹底して平等な立場をとり続けています。

私たちがそれを知る日が来るとすれば、それは私たちが死んだ後です。

私たちは誰であれ、自分が命をもって生きている限り、死によって自分という存在がどうなってしまうのかを知る日が決して来ないであろうことを知っています。

しかし、それでもなお、私たちは自分の《死》について思い悩みます。なぜなら、《死》こそが、命をもって生み落とされたすべての生物にとって用意された唯一のゴールだからです。すべての生物がその人生で経験するドラマは様々であっても、その人生の最後に待っているものはたった一つしか存在していません。

それが、《死》です。

今まさにこの瞬間においても、この世に生み落とされたすべての生物が、たったひとつの例外もなく、この死というゴールに辿り着くための人生を生きています。

自らの知性によってこの事実を冷静に直視することのできるものは、自分の肉体の死によって、自分の意識的な〈自己〉というものがどうなってしまうのかを知ることができない限り、今ある自分というものが、いったい何の意味を持ってこの世に存在しているのかを知ることができないのだということに気づきます。そして、自分というものが、いったい何の意味を持ってこの世に存在しているのかを知ることができない限り、自分がその人生をどう生きるべきであり、どう生きるべきでないのかを推し量ることができないのだということを知ります。

…だとすれば、私たちが自らの人生においてなすべきもっとも重要なことがあるとすれば、「それを探求することである」ということにも気づきます。

私たちは実に多くの瞬間に、「死んだら、自分はどうなるのだろう?」と考えます。それはある意味で、私たちにとって最大の関心事であり、最大の謎です。

死ほど私たちにとって謎に包まれた遠い存在はなく、また、ありふれた身近な出来事も存在しません。事件や事故や病気による人々の死が、マスコミで取り上げられない日はなく、死を取り扱わずに成立する文学もなければ、ドラマも、映画も、演劇もありません。そのため私たちは、ともすれば自分が人の死というものに数多く立ち会ってきたような錯覚をしがちです。

しかし実際問題として、私たちが医療関係者でもない限り、人が息を引き取る〈死〉の瞬間に立ち会うなどという体験はそう多くあるものではありません。私事でいうなら、私が今までの人生の中で人の〈死〉というものに立ち会ったのは、父方の祖母ただ一人です。

それは私がまだ幼少の頃のことであり、徹底した写真嫌いであった祖母が一枚も写真を残さずに死んだためもあって、私はその時の祖母の顔や状況というものをほとんど覚えていません。ただ、死に行く祖母の口元だけを、うっすらとぼやけた写真のようにして思い出すことができるだけです。そのとき誰かが、幼い私の手を取り祖母の死に水を取らせたからです。

今でも脱脂綿に水を含ませて、それを箸か何かで摘んで、祖母の口元を湿らせたのを覚えています。脱脂綿から滴った水を、祖母は何かを連続的に弾くような乾いた音を立てながら飲みました。その時、誰かが誰かに向かって「喉なりだね」と言ったのを覚えています。

隣村にある、石垣と石塀に囲まれた古びた隠居所に一人で暮らしていた祖母は、初孫である私をずいぶん可愛がってくれたそうです。祖母は、隣村から遊びにきた私が地元の子供たちにいじめられたりすると、薪を振りかざして本気で殴りかねない勢いで追い回したりしていたらしいのですが、なにぶんにもそれは私が幼かったころのことなので今となってはまったく覚えていません。

ただ、祖母の住む隠居所の床下には鶏が飼われていて、その鶏たちが結構凶暴で、庭に放されていたりすると寄ってたかって攻撃してくるので、逃げ回ったことや、庭に実をつけていたグミの甘酸っぱい味や、薄暗い竈《かまど》で銀杏の実を焼いてくれたその後ろ姿だけをぼんやりと覚えているだけです。

祖母の死の原因は胃癌でした。トウキビが大の好物だったらしく、今でも、トウキビが祖母の命を縮めたと言われるほどです。

祖母は私が小学校に上がるのを楽しみにしていたらしく、まだ入学式まで間があるというのに、どうしても制服姿が見たいというたっての希望で、私は母に連れられて時季外れの制服を買いに連れ出され、それを着て祖母の枕元にまで見せに行ったのを覚えています。その時はもう、自分の命が私の入学式まで持たないのを感じ取っていたのだと思います。

祖母の癌は発見されたときはもうすでに手遅れで、当時の医療レベルでは手術すらできない状態でした。それでも、そのまま何もしないで死なせるのは不憫だという周りの思いから、癌の権威の医者のいる大学病院に紹介してもらい、気休め程度であることを前提に手術してもらうことになりました。

手術後、祖母は一時的に元気を取り戻し、好物の里芋の煮っころがしなどを大喜びで食べていたようなのですが、転移していた癌はすぐに祖母の体を蝕んでいきました。

祖母はもう一度手術することを望んでいたそうですが、その時はもう、どこも受け入れてくれる病院はありませんでした。どこの病院に掛け合っても、その時の祖母にしてやれる治療は存在しないということで断られ続けたのですが、それでもとにかく気休めでも良いから診察するだけ診察してほしいと近くの病院に頼み込んで、とにかく、診察だけはしてもらえることになりました。

自分の病状を尋ねる祖母に対して、形ばかりの診察を終えた医師はこう言ったそうです。
「おばあちゃん。あなたの病気はかなり特殊な胃潰瘍だから、これから三ヶ月間はだんだん悪くなっていくかもしれないけど、それが山だから、それを越えたら必ず嘘みたいに良くなるから、私のいうことを信じて三ヶ月だけ辛抱しなさい」と。そして、「入院してもしなくても、あと三ヶ月経てば治る病気なのだから、家族の目の届く自宅でゆっくり療養した方が良いから、そうしなさい」と付け加えたそうです。

三ヶ月先には、祖母の人生は確実に幕を下ろしているはずでした。

病院に受け入れてもらえないままに自宅へ帰された祖母は、すぐに布団から起き上がることも、食べることもできなくなっていきました。当時はまだモルヒネ療法も確立されてなく、一般的に、癌の苦痛というものはこの世に存在する苦痛の中で最悪のものだとされていた時代の話です。祖母の受けた苦痛も、想像を絶するものがあったと聞いています。

しかし不思議なことに、私は祖母が苦しんでいる姿をほとんど見た記憶がありません。恐らく祖母は、私がいるときはそういう苦痛を隠し通したのでしょう。

そんな病床にあって、どこから情報を仕入れたのか、祖母は「医者いらず（アロエのこと）が胃潰瘍に効くらしいから手に入れてほしい」と母に頼んだりしたそうです。母の故郷である天草になら、アロエなど掃いて捨てるほどあったのですが、当時のわが村ではまだ極めて珍しい貴重な植物で、所有している家は一軒だけしか捜し出せませんでした。

「祖母が癌で苦しんでいるので、一葉だけでも譲って欲しい」と頼む母に、その家の人は「アロエなど飲んでも効果ないから無駄だ」と言うだけで、ついに一葉も譲ってはくれなかったそうです。

しかたなく母は介護を誰かに頼み、日に数本しかないバスと、汽車と、船を乗り継いで実家に帰り、アロエを山ほど抱えて帰って来ました。

祖母は見舞い客から、《神ごと》で病を治す人が隣町にいると聞いて、その人を呼んでほしいと頼んだこともあったようです。その祈祷師のような人物は、分厚い本のようなもので、ただでさえ苦痛に苛まれていた祖母の体を容赦なく打ち据えながら何かの行法をおこなったらしいのですが、もちろんそのようなもので祖母の病状が回復することなどありませんでした。

それでも祖母は、治りたい一心からその行者の与える無慈悲な痛みに耐え続け、それを見ていた家族は、どこへも持っていきようのない憤りや悲しみに耐え続けるしかありませんでした。そんな病床の中にあって、さすがに自分の病気の本当の正体に勘づいたのか、祖母は、ある時期を境に、自分のやつれた姿を人目に晒したくないと、見舞い客と会うことを断るようになったそうです。

そして間もなく、死は祖母の人生の幕を引きにやってきました。

私の祖母に対する思い出も、その後、何人かの喪服の人に混じって骨を拾っている自分自身の幼い姿を最後に終わっています。

祖母の死が、幼い私にどのような影響を与えたのかは、今となってはもうほとんど思い出すことはできません。しかし、祖母が息を引き取った、二階の、古くて大きな仏壇のある、天井の一角が物置のように暗い口を開けている部屋を、祖母の死後、新居に引っ越すまでの間ずっと自分の部屋として使い、一人で寝起きしていたことからして、祖母の死が、私の心に、〈死〉というものに対する必要以上の恐れを刻みつけることはなかったようです。

今でも祖母のことを思うと、具体的なことは何一つ覚えていないにもかかわらず、初孫である私を可愛がってくれたその思いのようなものを、フンワリと身近に感じることができるような気がします。

母方の祖母は、父方に比べてずっと長生きでした。当時の平均的な寿命は全うしたように記憶しています。

老衰のために床に伏した祖母がそろそろ危ないという連絡を受けて、母が見舞いに行った時のことです。意識が朦朧とし始めた祖母が、しきりに部屋の天井から吊るされている電球を気にするので、母が「電球がどうかしたのか？」と尋ねたところ、祖母は「いや、たいしたことではないのだけれど」と前置きしたあとでこう切り出したそうです。

「電球の中に子猫が三匹いる」と。母は、祖母が猫の幻影に怯えているのかと思い、安心させようと「子猫は何も悪さはしないから、心配はいらない」とそう声をかけました。「どうしても気になるのなら、私が追い払って上げようか?」と。母がそう言うと祖母は、「いや、そういうことではないんだ」と言い、こう続けたそうです。

「子猫の他に親猫が見当たらない。はぐれたのかも知れない。もしそうなら、三匹もいるのだから、一匹くらいはうちで飼ってあげてもいいと思っただけだ」と。そして祖母はそれから間もなく、老衰の中で息を引きとっていったそうです。

何だか、よく分からない話といってしまえばそれまでですが、私は何となく好きな話です。家族に見守られながら、電球の中に住む子猫の身の上を案じながら息を引き取る人生というのも、それはそれで案外悪くはないような気がするからです。


幼かったころに体験した身近な人の死や、ペットとして飼っていた生き物たちの死というものが、私の心に必要以上の死への恐れというものを刻みつけることはありませんでした。ただ、そうした死と接するたびに、「死ぬまでその体の中に、命としてあったものはどこへ消え去っていったのだろう?」という思いだけは確実に強まっていきました。

あたりまえの話ですが、人の体であれ、他の生き物の体であれ、見た目には、生きていた時と、死んだ直後での違いはほとんど何一つ見つけることはできません。

しかし、死によってその肉体から命と呼ばれる目に見えない何かが消え去ったがために、今まで息をし、動き回り、喜んだり悲しんだりしていたその肉体は、二度と自分の意思で動くこともなく、知ることも、思うこともないままに死体として横たわったまま、日に日に朽ち始めるのです。

すべての生物の中にあって、生と死を決定している、その目に見えない〈何か〉が、私には何かしら不思議で、『死とはいったい何なのだろう？』という思いが強まっていきました。そしてその思いは、そのまま対極にある、「命とは何なのだろう？」という思いへ波及していき、さらにそれは、「自分の命は、どこからやってきたのだろう？」という思いを呼び起こしていきました。…自分を生んだのは母親であり、その母親を生んだのはやはりその母親です。そしてその母親を生んだのは…、というように自分の命の系図を辿っていけば、私たちは結局、すべての生物の祖先である原始の生命体へと行き着き、その生命体から有機物へ、その有機物から無機物へと辿り着かざるを得なくなります。

そして無機物の先にあるのは、この宇宙そのものをビッグバンという現象の中で生み落とした（便宜上『無の揺らぎ』と記述されたりする）何ものかです。そして、だとすれば、今現在の科学知識の中で、私たちが到達することのできるすべての存在にとっての〈究極の故郷〉は、その不可知な何ものかであるということになってきます。

そのことをすべての人々は本能的に感じ取っているために、学生時代は物理学などといったものに何一つ興味のなかったような人でも、学校を卒業し、やっと試験などというものから無縁の世界の住人になれたその後になって、さらに難解な物理学理論を基にして書かれた『宇宙の誕生の秘密』といったものを見つけたりすると、なぜか強く心を惹かれて、そうした本を何冊も買い込んでしまったりするのです。

私たちが人としての真っ当な知性や理性をもって生きている以上、自らの誕生と死に隠されている謎ほど心をとらえて放さないものはありません。

私たちが生まれてから死ぬまでの間、心の中にずっと燻り続けるものは、この、生と死が隠し持っている〈謎〉に対する潜在的な探求です。私たちにとって、自らの〈誕生〉と〈死〉ほど身近で、そこに隠されている謎ほど手の届かない遠いものも存在しません。

人類は知性を持って以来、常に〈誕生〉と〈死〉について考え、〈誕生〉と〈死〉に立ち会い、〈誕生〉と〈死〉を取り扱ってきました。

しかし、医療現場で持ち上がっている脳死判定の議論一つ見てもわかるように、これほど科学の発達した現代にあってさえ、未だに人は〈死〉が何であるかを知らず、〈死〉が何であるかを解き明かす鍵ともいうべき〈生命〉というものの実体が何であるかについても、何一つとして知り得てはいないのです。

ある時期、遺伝子の発見などにより、自然科学が生命の神秘の解明に光を当てつつあるかのように喧伝されたりしましたが、遺伝子などというものは真に冷静に考えた場合、あくまで生命の纏う肉体という衣の表層的な設計図にすぎないものであり、生命に隠されている真の神秘からすれば、絵空事にさえ等しいものなのです。

たしかに自然科学は、あらゆる分野においてめざましい発達を遂げてきました。

自然科学は、私たちの肉体を解剖学的に研究していく過程で、脳の機能が失われれば損傷の程度と場所に応じて、肉体の機能だけではなく、知性や心、精神といったものの機能も損傷していくことを発見し、脳の活動が、精神や、心や、意識といったもののすべてを生み出しているのだという生命モデルを建設してきました。

したがって、脳の働きが失われてしまえば、例えその時まだ肉体が生理的に生きていたとしても、《自己》としてこの世に生き残っているものなど何一つないのだと。

人は脳の働きによって《自己》としてこの世に生に落とされ、脳の働きが失しなわれることによって、《自己》として感じ取っていたもののすべてを失い、何ひとつを見ることも、聞くことも、知ることも、感じることも、思うこともできない状態の中へ永遠に消え去っていかなければならないのだと。したがって、脳の働きが私たちにとって存在のすべてであり、《死》とは、脳の活動の停止によって自己が陥る状態に付託投影された概念にすぎないのだと。

たしかに、そう言われてみればそうかも知れないという気になります。

自分の脳の機能が完全に失われてしまえば、例えその時自分の肉体が生理的に生きていたとしても、自分や世界についての何一つを知ることも、思うこともできない、『考えうる限り完全な無』

と呼ぶしかない状態の中へと呑み込まれていくしかないような気がします。そして、それが私たちにとって、真の意味での《死》であると。

そしてもし、その肉体から生命反応が完全に消え去り、朽ち果て、骨や灰に姿を変えてしまったら、それこそ完璧な、誰にも文句のつけようがない《死》の完成であると言わざるを得ないはずです。しかし、それでもなお人の心には、「…しかし」という考えが浮かびます。

「もし仮に死というものが、何ひとつを見ることも、聞くことも、感じることも、知ることも、思うこともできなくするものだとしても、そうやって消し去られてしまった私は、どうなってしまうのだろう?」と。

そうした時、私たちをその考えから遠ざけようとするものが理性です。なぜなら理性は、その答を知ることが不可能であることを薄々知っているからです。そのため理性は、「それを知ることは不可能であり、われわれはその望みを放棄せざるを得ないのだ」と諭してきます。

「それが、われわれが人として持って生まれた宿命であり、知の限界なのだ」と。

理性は私たちをそう説き伏せ、その探求を諦めさせた上で、この世に物理的に体験できるもの、獲得できるものだけを人生の対象として生きるよう促してきます。

そして、「それで十分である!」と告げてきます。なぜなら、人生という舞台にはやるべきことがあまりにも多く、そのような実利を伴わないようなことに気を取られているような暇はないからである、と。

しかしそれでもなお私たちには、「それを知りたい！」という心の叫びが消え去ることはありません。なぜなら、私たちの心というものは、自分の存在意義が見出せない限り決して真の満足や安らぎを感じることはできないからです。心に満足や安らぎがない限り真の幸福感もありません。そのため、私たちの心の内には「何としてでも、それを知りたい！」という思いが常に燻っているのです。その証拠に、ほとんどすべての時代において、その探求が何よりも優先され、かつ重要視されていたという事実があるのです。

しかし、世界が唯物論という思想によって支配されていった結果、それはいつのまにか『この世で最も愚かな行為』として嘲笑われるようになってしまっているのです。唯物論は、『それを知ることは不可能であり、それを知ろうとすることは、人としてもっとも無意味なことである』と告げてきます。

それでもなお誰かが、「それは、本当にそうなのでしょうか？」と問いかけたとしたらどうでしょう。「それは本当に、決して解き明かすことのできない謎なのでしょうか？」と。もし誰かがそう問いかけてきたとしたら、ほとんどすべての人が、「その通りだ！」と答えるかもしれません。しかしそれでもなお、あえて尋ねたいと思います。

「それは、本当にそうなのでしょうか？」と。

なぜなら、正式な名称をバーラタ（『神を愛する者』という意味）といい、通称インドと知られているかの霊性の大国には、幾千年前とも知れない遥かな昔から、超越的な真理を悟ったヨギやリシと呼ばれる幾多の聖賢や聖者たちによって開示されてきた教えが、ヴェーダやヴェーダーンタという〈聖典〉として存在しており、その聖典はそう考えるわれわれに対して「いや、そう決めつけてその探求を諦めるべきではない！」と告げてくるからです（ちなみに、私がこの本のなかでこれまで自然科学の発見を基にして描き出し紹介してきた、生命モデル、原子モデル、宇宙モデルといったもののすべての根底にあるのは、このヴェーダやヴェーダーンに開示されている生命モデルや原子モデルや宇宙モデルです）。

なぜなら、もし《死》というものが、何ひとつを見ることも、聞くことも、感じることも、知ることも、思うこともできない『考えうる限り完全なる無』と呼ぶしかない状態の中に自分というものを消し去ってしまうことだとするならば、私たちは日常的な出来事の中で、それとまったく同じことを、毎日のように体験しながら生きているという事実があるからである、と。

その、私たちが毎日のように経験しながら生きている、〈死とまったく同じ状態〉とは、《睡眠》のことです。

私たちが真に深い睡眠に陥った時、私たちは《自分》と、自分が生きていた《世界》のすべてを見失い、何ひとつを見ることも、聞くことも、感じることも、知ることも、思うこともできない状態に陥ります。そしてそれは、真に冷徹に考察すれば、考えうる限り完全に、「死と同じ体験である！」と言わざるを得ないものです。違いがあるとすれば、次の一点だけです。

それは、死というものが、私たちを、何ひとつを見ることも、聞くことも、感じることも、知ることも、思うこともできない状態から二度と目覚めさせることのない出来事であるのに対して、睡眠は、必ずある一定の時間が経過した後で目覚めさせるということです。

しかしそれ（私たちが睡眠の後に、眠る前の自分とまったく同一の人間として目覚めると考えていること）も、最初の章で詳しく説明しておいたように、必ずしも真実ではないのです。そしてその事実が私たちに突きつけてくることは、『死と睡眠の間には、すべての人が信じ込んでいるような本質的な違いは存在していない！』ということです。

第一章で詳しく述べている通り、私たちの体は最新の科学が新陳代謝の発見を通して教えているように、三ヶ月（骨を含めれば二年半）経てばほぼ完全にこの世から消滅します。しかし、私たちは三ヶ月眠り続けた後に目覚めても、元の自分として、眠っている間に（新陳代謝によって）新しく作り出された肉体の中に目覚めます。

そしてこの事実が何を暗示しているかというと、三ヶ月の眠りの後も消滅しない私たちの意識的な自己は、「死によっても消滅しない、唯物論を越えた領域に存在基盤を持っている超越的なものである、という仮説に正当性を与える」ということです。

私たちが何を考え、何を主張する場合でも、すべての主語は「私」です。

しかしそのことは、そうした物言いの中で自己を主張しながら生きている私たちの誰一人として、自分にとっての「私」というものが、いったい何であるのかをまったく理解していないのだということを意味しているのです。自分が何なのかを理解していないから、肉体の死によって、自分という存在がどうなるのかも理解していないのだと。

私たちの誰一人として、「自分という存在の本質が、いったい何であるのかをまったく理解していない」ということは、太古からすべての賢者たちが感じ取っていたものです。

そのため、洋の東西を問わず、哲学という哲学のすべてには、「私とは、この肉体なのか？　それとも、この肉体に宿る心なのか？　その肉体が生み出している思惟や、記憶や、欲望の総体なのか？」という問いかけがもっとも重要な命題として存在しています。

そして、ほとんどの哲学者たちは、その答を、そうしたもののいずれかの中に探し求めてきました。そして、無残に失敗してきました。

しかし、インドの賢者たちだけはまったく違います（それが、インド哲学が秘かに世界最高峰だと言われているゆえんです）。

インドの賢者たちだけは、そう問いかけられた誰かが、そのいずれであると答えても以下のようなたった一つの哲学によってそれを退けてきました（そうした哲学は、ヴェーダーンタの一部をなしています）。

「あなた方はその肉体ではあり得ない！　しかし、だからといって、その肉体が生み出している心でも、思考や記憶や欲望や知性の寄せ集まったものでもあり得ない！　なぜなら、すべての人間は、無意識の内に、それらのものを『私の体』『私の心』『私の思考』『私の記憶』『私の欲望』…などとして認識し、表現するからである。そしてそれは、その時のあなた方が、それらのすべてを、本能的な領域で、『私の…』として表現されるべき、自分の所有物として存在しているのだということを知覚していることを意味しているからである。つまり、それらのすべては、自分にとっての所有物であって、それを所有している《自己》そのものではないのだということを…」

ここに開示されている哲学は、『われ思うゆえに、われあり』などといった思考のチェスゲームによって建設された西洋の哲学にみられるような机上の空論ではありません。

それはヴィクトル・クーザンが、「われわれが東洋―特にインド―の哲学的業績に深く目を通すとき、そこの多くのあまりにも深遠な真理を発見して、思わずその前に跪かずにはいられなくなる」と語り、シュレーゲルが、「ヨーロッパ哲学の最高峰であるギリシャ哲学の理性的理想主義ですら、東洋の理想主義が有する豊かな生命力に比較すると、太陽の輝きの前の小さな花火のようにしか見えない」と称賛し、ショーペンハウエルが、「思うに、ヴェーダに近づくことは今世紀最大の特権である」と述べているように、真に卓越したものであり、思考の積み重ねによってではなく、思考や知識によって建設されたすべてのものを、先入観や思い込みや迷妄の類として徹底して排除した中で悟られた、根源的な真実の開示なのです。

その証拠に、私たちはこの世の中に、物理的であれ、概念的であれ、そこに発見されているものが、それを発見しているものと同一のものであったという例を見たことがありません。この事実が何を意味しているかというと、『私たちが自分の中に、例えどのようなものを《自己》として思い描いたり、見出していたとしても、それは決して、それを見出している私たちの《自己》そのものではあり得ない』ということなのです。

私たちが何かを発見しているとき、それは私たちが自分の肉体に備わった、見る、聞く、触れるといった五官によって直接的にその存在と接触したか、心などの内面的な感覚器官によってその存在を感じ取ったり、知性の働きによってその存在を知った場合だけです。そして、そのいずれの場合でも、私たちにその存在を知られたものは、私たちの肉体や心や知性を通して知られたもの（対象物）であって、その存在を知った私たち自身ではありません。

何が言いたいかというと、『だとすれば、われわれが自分の中に、例えどのようなものを《自己》として思い描いたり、見出していたとしても、それは決して、それを見出しているわれわれの《自己》そのものではあり得ない』ということです。

私たちは誰一人の例外もなく、『自がこの世に存在している』ということを知っています。そして、その《自分》という存在を、自分の体や、意識や知性や記憶や思惟や心といったものの中に見出しています。しかし、だからといってその事実は、私たちの実体が、自分の体や意識や知性や記憶や思惟や心として存在していることを意味していないのです。

…というより、それは、まったく逆のことを意味しているのです。

なぜなら、私たちが《自分》《自己》として見出しているものは、私たちによって《自己》として見出されている対象物《客体》であって、それを見出している私たち自身の真の自己《主体》ではあり得ないからです。

つまり、私たちが今まで、《自分》として認識し、思い描いてきたもののすべて、《肉体》《心》《記憶》《意識》といったもののすべては、それが私たちに《自分》や《自己》として見出されているというたった一つの理由によって、『それは、それを自己として見出している私たちの《自己》そのものではなく、私たちの自己によって、《私》や《自分》として見出され、思い描かれている対象物（客体）にすぎない』ということになるのです。

だとすれば、「私たちの《真の自己》は、どこに、どのようなものとして存在しているのか？」といえば、『それは、目で見ることも手で触れることもできず、心で感じ取ることも、思い描くことも、知的に探し出すこともできないものとして、人知の及ばない超越的な領域に隠れ潜んでいるのだ』ということになるのです。

そして、「それは、まさにそうなのだ！」と、幾千年とも知れない太古から教え諭してきたものがヴェーダでありヴェーダーンタであり、それと同じような生命モデルが成立し得る原子モデルや宇宙モデルを、科学という立場から物理哲学という領域に描き出し始めているのが量子力学なのです。

第六章

種の起源と進化の到達点

人類は今から一五〇年ほど前に、「人間とは何なのか？」という問題について、それまで培ってきた生命感を根底から覆されるような、極めて衝撃的な出来事を経験しています。その出来事とは、ダーウィンの進化論です。

この一、二世紀の間に自然科学がなしてきた偉業は目を見張るものがあります。物理学は、極小の原子から、極大の宇宙の成り立ちに関する秘密の多くを驚異的なレベルまで解明し、その基礎理論が生み落としたハイテク産業は、私たちの生活環境を一変させてしまいました。生命科学の分野では、すべての細胞に中に生物の肉体の設計図として遺伝子が存在していることを発見し、遺伝子を操作することによって、機械工学的に生物の肉体を作り替えたり、複製したりすることが可能であることを教えました。その理論が、産業技術として応用されるレベルにまで到達した結果、生命科学は今、私たちに根源的なレベルでの生命観の見直しを迫り始めているほどです。

しかしそれでもなお、自然科学のあらゆる発見の中で、ダーウィンの進化論と称されるものほど、私たちのアイデンティティに重要な影響を与え続けてきたものはありません。

ダーウィンが自然淘汰説という進化論を世に発表し、それがダーウィニズムという社会思想に姿を変えて世界を呑み込んで以来、私たちの世界の政治思想、自然観、生命哲学、経済理念といったもののすべてが、根源的な部分でダーウィニズムの影響を受け続けています。

その結果、私たち人類がその後に築いてきた文明というものは、本質的な部分でダーウィニズムの表現としてしか存在していません。社会思想に姿を変えたダーウィニズムとは、一言でいうなら、「人間であれ動物であれ、この世に生まれ落ちた生物を支配しているたった一つの真実は、弱肉強食という競争原理を勝ち抜き、生き残っていくものだけが、種を進化させるものとして自然の摂理によって選ばれた、生き残っていく価値のあるものである」というようなものです。

つまり、「自然界を支配している生命原理というものが、〈弱肉強食、適者生存、劣者淘汰〉というものであり、〈人間も他の動物と同じ自然によって生み出された一生物にすぎない〉というものである以上、人間だけが自己犠牲を伴う独自の有徳性や人間性を追求しながら自分を高めていこうとすることは間違いであり、人間もまた、他の動物と同じように、自分の能力と努力のすべてを、他者との生存競争にいかに打ち勝ち、どれほど揺るぎのない勝者になるかに向けるべきであり、その時、強者が弱者をどのように蹴落とし踏みにじりながら、利己的な手段の中で富と権力を手にしていったとしても、人や社会が、そうした利己的な生き方を、『利己的である！』という理由によって、倫理的、道徳的に批判することは、正当性を持ち得ない」というものです。

その結果、その後の世界に待っていた社会は、人間として生まれた私たちに、より人間らしい人生を模索させたり、人間としての完成を目指させるようなものではなく、どちらかというとまったく逆のものでした。

それは、すべての人が生まれながらに心の奥に持っていた、弱者や不遇の人々への思いやりや、利害を越えたところで、自分をより善であり、より真であり、より美であるものに高めていきたいと働きかける内面からの呼びかけや、人間性のすべてを、社会に待ち受けている生存競争に勝ち残っていくためには、心の生み出す弱さとして捨て去らなければならないものであるかのようにプレッシャーをかけてくるものでした。

それは、人を崇高な理想や、高潔な人生へと向かうように啓発するようなものではなく、そうした促しのすべてを、高度な知性を持ってしまったがために陥った〈迷妄〉として捨てさせながら、野生動物の社会にある、非人間的な生存競争や戦い、本能の赴くままの利己的な生き方へと無理やり連れ戻そうとしているかのような奇妙なものでした。

人は誰もが、この世に生まれた瞬間から、人としての人生を強いられ、人としての死と向かい合わなければならないというのに、社会が私たちに与えようとする教育や情報のすべては、人がいかに他の動物と違わないかを教え込み、人間として生まれ落ちたことの持つ意味については、考えることも意味を見出そうとすることも、徹底的に諦めさせようとするかのような奇妙なものだったのです。

そこで私たちを待ち受けていた教育は、膨大なものではあっても、真理の探求など眼中になく、ただ単に、社会の歯車にするための知識と技能を獲得させ、ランク付けして社会に送り出すことだけを目的としたようなものでした。

私たちはそこで、政治でも、経済でも、科学でも、哲学でも、歴史でも、文学でも、医学でも、望みさえすれば、どのような教育でも学ぶことを許されました。

しかしただ一つだけ、そうした社会が私たちの前に立ちはだかり、それについては私たちに学ばせないように仕向けてきたものがあります。

それは、《人間であるということの持つ意味》についてです。

社会は私たちに、私たち以外のすべてについて学ばせながら、ただ一つだけ、私たち自身についてだけは、私たちが人間であるということの意味についてだけは、何一つを学ばせず、何一つを探求させることもしてこなかったのです。

なぜこのようなことが起こるのでしょう?

人は誰もが皆、生まれ落ちた瞬間から人としての人生を強いられ、人としての死と向かい合わざるを得ないというのに、私たちはなぜ、人が人として生まれ、人として死んでいくことの意味についてだけは、学ぶことも、探求することからも隔離されて来なければならなかったのでしょう?

人として生まれた私たちが、人であるということの意味について考え、学ぶこと以上に重要なことが他にあるのでしょうか?

人間として生を受けた私たちが、人間であることの意味について考えず、学ぼうとすることからも遠ざけられたまま、それ以外のことを探求し、学び尽くそうとすることにいったいどのような意味があるというのでしょうか?

こうした素朴な疑問に対して、ある種の人々はこう言います。

「人間が人間であることに特別な意味はない。なぜなら、人間は、高度に知能を発達させた動物にすぎないからだ」と。したがって、「人間だけが他の動物とは違う《人間らしさ》に価値を見出そうとすることは間違いであり、進化した動物として、あらゆる利己的手段を用いながら、豊かさと、快楽と、快適さを手に入れ、生存競争の勝者となるために生きていけばいいだけなのだ」と。

そして、こうした意見を聞かされた時には本能的に嫌悪感を抱く人たちさえもが、真に知的な自己に立ち返った時には、決定的な反論に至ることはできません。なぜなら、そこには、ダーウィニズムという絶対的な神話が存在しているからです。世界がその神話の前に跪かされている限り、そうした意見に対して、人がなし得るのは反論でなく、惨めな敗北でしかありません。

そうした人々の知性が辿り着ける結論はこうです。

「そうした主張は、倫理的、道義的には間違っているかもしれないが、生物学的に見る限り、われわれの理性はその考えを否定できない」

ダーウィンが『種の起源』という論文を世に発表して以来、その進化論は、「人間は有徳にではなく、利己的に生きていいのだ」という社会思想に姿を変えて世界を呑み込み続けています。進化論に興味を持ったことのない人でも、ダーウィンの名前くらいはたいてい知っています。例え彼の名前を知らなくても、その学説が暗示する「進化した猿」としての漠然としたイメージの中に、人間として生まれ落ちた自分自身の存在価値を、程度の違いこそあれ、誰もが皆、何らかの形で呪縛されながら生きています。

しかし、だからといって、学問としてのダーウィンの進化論が万人に学ばれているかというと決してそうではありません。それどころか、事実はまったくその逆なのです。

なぜなら、ダーウィンの進化論というものは、『種の起源』として発表された当時から、専門家たちからは「部分的には面白いが、全体的には何を言っているのかさっぱり分からない」という陰口や、「まったく、種の起源の説明になっていない」という陰口がつきまとっていたことからも分かるように、現代の教育機関の中で高度な学問として取り扱うだけの生物学としての実体も価値もほとんど何一つとして持っていないものだからです。

しかも、それをどう究めたとしても、職も得られなければ、社会的な地位や名誉ももたらさないため、どれほど優秀な教育機関の中にも、それを専門的に学ぼうとする学生もいなければ、一般常識以上の知識を持つ学生も存在せず、ダーウィンの進化論を専門的に研究している物好きな学者などというのもほとんど存在していないのです。

にもかかわらず、そうしたダーウィンの進化論と称されるものによって描き出されていく漠然としたイメージは、「人間が人間であることの意味など存在せず、人間はだだ単に進化した猿にすぎない」というメッセージに姿を変えて、私たちの世界をほぼ完全に支配し尽くしているのです。

だとすれば、それは極めて奇妙な話になってきます。もしそうだとすれば、私たちの世界をダーウィンの進化論として支配し続けているものの正体とは、いったい何だということになるのでしょうか？

私たちがこの謎について考えようとする時、ダーウィンの進化論というものが、自然科学上の絶対的な発見のようにして世界を呑み込んでいくに至った、一大叙事詩的出来事を、ダーウィンの物語としてではなく、ダーウィンの進化論の実質的な生みの親とも言うべき存在でありながら、死後、その存在を進化論の歴史そのものから消し去られていったアルフレッド・ラッセル・ウォレスの物語として検証し直していくと、その答は意外なくらいわかりやすい形で浮かび上がってきます。

ほとんどの人は知らないと思いますが、ダーウィンの進化論と称されている学説は、ダーウィンが一人で考えついたものではありません（というか、ひょっとするとそれは、ダーウィンが考えたものですらないかもしれないものなのです）。

その誕生には、当時、マレー諸島において生物相の比較研究をしていた、アルフレッド・ラッセル・ウォレスという無名のイギリス人博物学者が深く関与しています。ウォレスはそこで、生物の進化における独自の説に思い至り、それを論文にまとめて母国の高名な博物学者に送りました。

その時、ウォレスが論文を送った相手こそがダーウィンだったのです。

ダーウィンはウォレスの論文を受け取るやいなや、その内容に深く感銘を受け、ウォレスの承諾もとらないまま、独断でウォレスとの共同発表という形をとって、それを『自然淘汰説』として世に発表し、その進化論が描き出している斬新な生命モデルは瞬く間に世界を席巻していくことになりました。

しかし、ダーウィンの名声が、彼の死後一〇〇年以上が経つ今なお、進化論における絶対的神話のようにして語り継がれているのに対して、ウォレスの存在は、進化論の歴史からほぼ完全に消し去られています。

そのことに関して、ある種の人々はこう言います。

「ウォレスは確かに、一時期は有能な博物学者だった。独自にダーウィンと同じ進化論に思い至り、博物学の近代化にも多大な貢献をし、社会的にも高く評価された。しかし、晩年は降霊術などの非科学的な現象に興味を持って科学者としての道を踏み外し、ダーウィンと共に世に送りだした進化論に対しても『われわれが生み落とした進化論には重大な誤りがあった』というような言動を取り始めたため、進化論の歴史そのものから消えていかざるを得なかったのだ」と。

確かに、ウォレスが進化論発表の後、心霊現象への興味を持ち、霊魂の存在を認める発言をしていたのは事実です。しかし、そのことが原因で彼の科学者としての名声は地に落ち、進化論の歴史からも消え去っていかなければならなかったというのは、まったくの嘘です。なぜなら彼は、科学の道を踏み外すようにして心霊現象にかかわったのではなく、あくまで科学者として、当時一部の人々の間で秘かに流行していた降霊術などの現場に赴き、それを科学的に検証するためにそれに関わっていただけだからです。

そして、その検証の結果が霊魂の存在を認めざるを得ないものとなったために、あらゆる批判や、「止めた方がいい」という圧力に屈することなく、自らの信じるとおりのことを公表しただけのことです。しかし、彼がそうした発言をした後も、彼に対する世間の評価は、そのことによっても変わることなく、彼に進化論学者として、ダーウィンと同等の最高の評価と名声を与え続けていました。

そのウォレスが、博物学者、進化論学者としての名と功績と言動のすべてを歴史から葬り去られていったのは死後のことなのです。存命中に彼が、「科学者として道を踏み外した」として社会的に糾弾されたり、大きな批判を受けた事実はありません。

それどころか、「すごいことに、また二つも貰ってしまいました。半年間でこんなすごい名誉を三つも貰った人はあまりいないと思います」と知人に手紙を書いているように、ウォレスはその後も、国から様々な賞や勲章を贈られることによって死ぬまで、博物学者、進化論学者として高く評価され続けていたという事実があるだけです。

しかもそうした評価は、彼がその手紙の続きに、「私のような過激な急進主義者、社会主義者、反軍国主義者が勲章を貰うなんて、仰天どころか、馬鹿げていますね」と書き、「こんな金メッキ、ぼくはいらない」と続けているように、彼が『欲しい！』と社会や権力にすり寄って手に入れたものではなく、社会や権力の方から一方的にその功績を高く評価され、与えられたものなのです。

それだけでなく、ダーウィンでさえもが、「あなたが、あなた自身の学説をひっくり返すことを、私は許しません！」と抗議しながらも、「あなたは、人類学展望誌にこれまで掲載された最高の論文の著者なのです。――あなたの惨めな友人、C・ダーウィン」と書き送っているように、死ぬまでウォレスを敬意に値する偉大な博物学者、進化論学者として評価していたという事実があるのです。

自分たちが共同で生み落とした進化論を、一転して批判し始めたウォレスに対して、にもかかわらず、そうしたウォレスの偉大さをある意味でもっとも良く知っていたダーウィンが死に、その後にウォレスが死に、死人に口なしとなるや否や、社会はなぜか彼の存在を、「われわれが世に送りだした進化論には重大な誤りがあった！」という彼の告白と一緒に、進化論の歴史から消し去っていったのです。

そして、それが「なぜか？」ということを考える時、その答は、その時の『時代』というものが抱え込んでいた、ある特殊な事情というものが教えてくれます。

ダーウィンの進化論が『種の起源』という論文の形をとって発表されたのは、一八五八年頃のことです。それは、産業革命以降巨大な経済力を手にし始めたヨーロッパの新興資本家たちが、金と力にものを言わせて世界を支配しようとしていた時期でした。

そして、そこには当然、弱者を踏みつけ、弱者の流す血や汗や涙と引き換えに自らの富と幸福を築こうとしている彼らの生き方を批判してくる人たちとの確執が生まれます。その時、そうした人々にとって、もっとも煙たい存在となっていたのは、聖書の教えを持ち出しながら、道義的、人道的に自分たちのやり方を批判してくる心あるキリスト教徒たちでした。

そしてそうした人々にとって、突然ダーウィンによって提唱された自然淘汰説という新しい進化論は、まさに《棚からぼた餅》だったことは容易に想像がつくことです。

なぜなら、その進化論の全体像は、ダーウィンがいったい何を言いたいのかがまったく分からないほど難解なものである反面、分かりやすい部分だけを取り出して社会思想にすり替えてしまえば、自分たちのやっている非人道的なことのすべてを、「ダーウィンが、進化論の中で明らかにしているように、人間が神によって創られた特別な存在であるという考えは、科学的にみるかぎり明らかな間違いであり、人間も他の野生動物と同じように、自然の中に生まれ、自然のなかで進化してきた単なる動物として自然界の法則にしたがって生きるべきなのである。自然界の法則とは、〈弱肉強食〉〈適者生存〉〈劣者淘汰〉という篩にかけられながら生き残ったものだけが〈進化をもたらす者〉として生き残る権利を得るというものであり、われわれの社会は、〈弱肉強食〉

〈適者生存〉〈劣者淘汰〉の勝者となって生き残ろうとするものの権利を一切制限するべきではないのだ」というような物言いのなかで、簡単に正当化することのできるものだったからです（実際にダーウィンの進化論は、その後の世界を、そうした社会思想の下で大きく変化させていく原動力となっています。その結果、植民地支配を突き進める帝国主義は世界の主流となって世界大戦を引き起し、世界恐慌を引き起おこし、ヒットラーのナチズムに正当性と勢いを与えていきました。そして今なお、それは格差社会が拡大し続ける最大の原動力となっています）。

私たちの社会には、まるでダーウィンの進化論が、専門家たちの総意として「正しい！」と認められているものであるかのような印象が定着させられています。

しかし、真実を言えばそれはまったくの嘘です。

ダーウィンの唱えた進化論は、『種の起源』として発表された当時から、まったく種の起源の説明になっていないという陰口や、部分的には面白いが、全体的には何を言っているのかさっぱりわからないという批判に晒されてきたものであり、われわれが思い込まされているような「絶対的に正しい！」という評価を専門家の総意としては一度も受けたことはないものなのです。

もしこのことを疑う人は、もっとも初歩的な入門書でもいいですから、進化論について書かれた本を手にとって、ダーウィンが没した後に進化論という学問が辿った歴史だけでも読んでみてください。そうすれば、ダーウィンの進化論に対して専門家たちの下している嘘偽りのない評価を何の苦労もなく知ることができます。

もし、ダーウィンの進化論というものが、私たちが思い込まされているように、進化論学者たちの総意として「正しい！」という評価を受けているものであったならば、進化論はダーウィンによって完成されていることになるので、その後に新たな進化論が次から次へと発表され続けるような現象は絶対に起こりません。

しかし現実には、ダーウィンの没した後、新たな進化論が、まるで先を争うように次々と発表され続けているのです。主なものだけ取り上げても、先ずネオダーウィニズムとしての『総合進化論』が登場し、次には、生存競争だけでは進化は不可能であるとする『中立進化論』や、進化における自然淘汰の役割を全面的に否定し、生物間の棲み分けに着目することによってダーウィンの進化論と決定的に対立する『今西進化論』、進化における重要な出来事のすべては、強者が弱者を淘汰して生き残るような競争原理によってではなく、異なる生物が何種類も共生することで種の壁を越えた遺伝子のやりとり、新たな行動や特性が生み出されることで起こったとする『共生進化論（これは、マサチューセッツ大学教授・微生物学者リン・マーギュリスによって提唱されたものです。アメリカの主流の生物学者にとってこの説は馬鹿げていて到底受け入れられないものだったのですが、今では無視できなくなっています。なぜなら、その後、この理論の正しさを裏付けるような多くのことが発見されているからです。一九七二年にイギリスの地球科学者ジェームズ・ラブロックとともに発表した〈ガイア仮説〉は、アメリカにおいては受け入れられていませんが、日本ではすでに広く浸透しています。…マーギュリスはそもそも、「細胞とは共生進化した微生物共同体である」と断言しています…)、さらには、遺伝子がウイルスによって生物から生物へと運ばれることによって遺伝子の組み替えが起こり、それが進化を引き起こす原因となったと説く『ウイルス進化論（ちなみに、今、専門家にもっとも注目されているのはこれです。なぜなら、それは共生進化説とも対立せず、それを裏付けるような出来事が、新型インフルエンザの発生や、各種の伝染病ウイルスの突然変異という形で起こっているからです）』にいたるまで、百花繚乱といった乱立ぶりなのです。

つまり、そのことこそが、生物学者のほとんど誰一人として、ダーウィンの唱えた進化論に「正しい！」という評価を下したしてはいないということの証明に他ならないのです。しかも、遺伝子が発見されて以降に発達した分子生物学によって、ダーウィンの「進化をもたらすものが自然淘汰である」という進化論が完全に間違ったものであることはほぼ確実になってきているのです。にもかかわらず、明らかに間違っているはずのダーウィンの進化論が、絶対的に正しいものであるかのような情報操作の中で、今なお神話のようにして祭り上げられ続けているのです。

だとすれば、その理由は何なのでしょう？

その答に、誰よりも早く、明確に気づいていた人物こそが、ウォレスなのです。

ウォレスは、自らが生み落とした進化論の中にある重大な誤りと、その進化論が、力を持つ者だけが弱者を犠牲にして富み栄えていくという利己的な生き方を正当化するための道具として使われ始めたことに誰よりも早く気づきました。

だからこそウォレスは、自らが生み落とした進化論と、それがもたらす名声や名誉といったもののすべてをダーウィンに譲り渡すようにして身を引き、一転してその進化論を否定する側に回ったのです（ちなみに、自身の進化論が非人道的な社会思想を正当化するための道具として使われ始めていることにはダーウィンも気づいており、そのことを心中秘かに苦々しく思っていたといわれています。ダーウィンとウォレスの違いは、ダーウィンがその進化論を利用しようとしている人々に反対することのできない特権階級の出身であったのに対して、ウォレスはその逆だったということです）。

ウォレスがその時、ダーウィン進化論の誤りとして最初に問題にしたのは、人間の脳の大きさと、その脳に秘められている潜在能力の問題だったと言われています。

ウォレスがジャングルの奥地で調査した未開文明人の脳の大きさも、先史時代の人間の脳の大きさも、現代文明の中に暮らしている人々と大差はありませんでした。しかも、ジャングルの奥地に暮らしている原住民を文明世界に連れてきて教育すれば、言語、音楽、数学、哲学などをすぐに身につけることができたのです。

そこでウォレスはジレンマに陥ったのです。

もし生物の進化が自然淘汰によるものだと仮定するなら、土の中に住むモグラの目が視力を発達させず、その体に空を飛ぶための羽が生えたりしないように、いかなる生物といえども、不必要なものを高度に発達させるわけはないというのに、未開人が持っている不必要に大きな脳と、その脳の隠し持っている驚くほどに高度な潜在能力はどのようにして生じたのか？　…ということについて。

ダーウィンもウォレスの指摘を受け、自らの進化論にこうした無数の矛盾があることに気づいていました。しかし、ダーウィンはそうした自説の綻びを取り繕うために、かつて自分自身が否定したはずのラマルクの進化論の都合のいい部分を取り入れて生き残りをはかったのに対して、ウォレスは、科学者としては当時も今も絶対的なタブーである、霊魂や神というものの存在を視野に入れ始めたのです。

普通に考えれば、そのことによって彼の科学者としての評価は地に落ちてもおかしくはありません。しかし実際は、「すごいことに、また二つも貰ってしまいました。半年間でこんなすごい名誉を三つも貰った人はあまりいないと思います」と知人に手紙を書いているように、そのことによってウォレスの評価は地に落ちるどころか、イギリスでもっとも名誉ある勲章を授与されるなどして高まり続けていたのです。そのことは、彼の博物学者としての業績がいかに卓越していたかを物語っています。

にもかかわらず、彼らが死んだ後の社会は、彼の存在を進化論の中から消し去ってしまっているのです。

問題は、「それはなぜか？」ということなのですが、それは一言でいうなら、「ウォレスの存在が歴史の中に消え残っている限り、彼が発した、『われわれが生み落とした進化論には重大な誤りがあった！』いうメッセージもまた、永遠に生き残ることになるからです。

ウォレスがダーウィンの進化論の明らかな誤りとして指摘しているのは、「生物はより下等な生物から進化してきたものであり、人間もその例外ではない」という部分ではなく、「生物の進化を引き起こしてきたのは、弱肉強食、適者生存、劣者淘汰という生存競争である」という部分です。そしてこの主張こそが、ダーウィンの進化論を社会思想に変換することによって、富める者、力を持つ者である自分たちが、弱者である大衆を一方的に支配しながら富み栄えていこうとする利己的な生き方を正当化するための生命線だったのです。したがって、この部分を否定されることだけは何としてでも避けなければならなかったのです。

自然科学の学説としては明らかに間違っているダーウィンの進化論を、あたかも真実であるかのように信じ込まされながら塗り変えられていく世界の姿は、ウォレスにとって正しく悪夢でした。その時の思いをウォレスは、死後出版された著書のなかにこう記しています。

「われわれの社会体制は徹頭徹尾腐っている。われわれの社会環境は、この世界が経験した中で最悪である」と。

バイオテクノロジーなどを取り扱う分子生物学の発達した現代では、ダーウィンの進化論が正しいなどと本気で信じている生物学者など一人も存在しないと言われています。しかし、だからといってダーウィンの進化論が私たちの社会を呪縛から解き放していくわけではありません。なぜならそれは、初めから学問として世界を呪縛していたものではなく、巧妙なトリックによってすり替えられた社会思想として支配しているものだからです。

したがって、それが自らの好む生き方を正当化する社会思想として都合がいいと考えるような人々が世界のリーダーであり続ける限り、ダーウィンの進化論が生物学的には明らかに間違っているものであったとしても、その事実は誰にも興味を持たれることのない学問の世界の片隅に封印されたまま、社会思想としてのダーウィニズムは、この先もほとんど無傷のまま私たちの世界を呑み込み続けていくことになるのです。

だからこそ、もし今、人類が物質文明の行き詰まりという形で直面させられている問題に強い危機感を抱いている人がいたとしたら、そうした問題のすべてを生み出す原動力となっているダーウィニズムというものの正体が何であるかを、冷静に検証してみる必要があるのです。

ダーウィンの進化論というものは、永い間、何か途轍もない専門的な知識と考察や論証によって構築されてきた高遠な学問であるようなイメージと、そうしたイメージの作り出す権威の城壁に守られながら、部外者にとっては、どのような疑問も異論も持ち込むことを許されないような聖域として存在してきました。

しかし、そうした権威に守られて生き延びてきたものほど、正体が白日の下に晒されたときには、驚くほどお粗末な子供だましであることが少なくないように、社会思想としては一〇〇万の大軍をも一瞬にして呑み込んでしまうほどの神通力を見せるダーウィンの進化論も、自然科学としての足腰は驚くほどに脆弱な一面を持っており、その学問としてのお粗末ぶりは、「博物学についても、生物学についても、何一つ学んで来なかったような門外漢でも、入門書を二、三冊読んだ程度の知識と、ある程度の形而上学的センスさえ持ち合わせていれば、容易に論破できるものなのだ」とさえ断言できるものなのです。

以下はその一例として述べる私説です。

ダーウィンが主張した進化論というものは、簡単に言ってしまえば次のようなことです。『すべての生物の種の中には、多くの固体が存在している。そしてその固体たちの間には厳しい生存競争が存在し、その生存競争に生き残っていったものだけが子孫を残し、残された子孫たちも同じように新たな生存競争の中で篩にかけられながら生き残っていくことになる。そうした膨大な数の固体たちの中には、まれに突然変異を伴ったものが生まれてくることがある。そして、その突然変異は、生存競争に不利に働くものと、有利に働くものの二つがある。有利に働く変異を持って生まれてきた新種は当然、他の固体より生き残っていく確率は高まり、優れた特性を遺伝によって子孫に受け継がせながら繁栄していくことになる。そうした一つ一つの突然変異は小さなものであったとしても、その積み重ねが、幾千幾万という世代に亘って続いていったとするなら、魚類が両生類に、両生類が爬虫類に、爬虫類が哺乳類や鳥類に、猿が人へと進化するような現象が起こり得ることになる。そして、その仮説が真実であることを、博物学の調査研究の中で証明して見せたのが、自然淘汰説という進化論である』と。

なるほど、言われてみればありそうな話です。

しかし、私たちがこうしたダーウィンの進化論を聞かされたとき感じる「実にもっともな話である」という印象は、ダーウィンの唱えている進化論に対する真に正しい理解がもたらしているものではなく、その分かりやすい部分だけを観念的につまみ食いした結果として陥っている単なる知的錯覚にすぎないのです。

その証拠に、もし本当にダーウィンの進化論が描き出している生命モデルを理解したとするならば、そのような進化の法則が支配する世界においては、四本足の陸上生物が鳥に進化することなど絶対に起こり得ないことを容易に証明できます。

以下は、その形而上学的な証明です。

もし仮に、ダーウィンの進化論が正しいとするならば、四本足の動物が鳥に進化するためには、何十万年、何百万年という気の遠くなるような時の流れの中で、生存競争に有利に働く肉体的能力を、突然変異によってであれ、獲得形質の遺伝によってであれ、連続的かつ、無数に繰り返しながら進化していかなければならないことになります。

そう考えたとき、この鳥の祖先である四本足の動物には、鳥に進化するまでの間に、何百何千世代にも亘って、足が羽に進化し始めたがために、その足を、足としても役に立たず、羽としても役に立たない中途半端な羽モドキとして持ったまま生存競争を勝ち抜いていかなければならないことになります。しかし、天敵というものに常に命を狙われながら生きていかなければならない自然界の生物にとって、果たしてそんなことが可能かどうかは、ちょっと冷静になって考えてみれば誰にでもわかることです。

四本足で地上を駆け回りながら生きてきた動物が鳥へと進化する時、彼らに進化の贈り物として与えられた、羽へと変化し始めた前足は、彼らにとっても、彼らの子供や、その子孫たちにとっても、生まれてから死ぬまで、足としても羽としても役に立たない、生存競争に圧倒的な不利をもたらすだけの『羽モドキ』でしかあり得ないのです。

だとすれば、この種の群れが天敵に襲われ、生存競争の篩にかけられたとき、生き残るのは、前足を前足として持ち続けている原種の方なのか、それとも、前足を羽モドキに進化させて、その結果、敵から逃げる能力も、食べ物を獲得する能力も、子孫を残すための相手を獲得する能力のすべてにおいてハンデを背負ってしまった新種の方なのかは、誰が考えても明らかなのではないでしょうか?

オーストラリア大陸に生息していた飛べない鳥たちは、人間が持ち込んだ犬や猫といった僅かな天敵によって、あっと言う間に絶滅しかけたという事実があるのです。

にもかかわらず、太古の世界では、そこが現在のオーストラリア大陸よりも遥かに天敵が多く、生存競争も厳しかったと考えられるというのに、「進化の過程で飛べない鳥のようになってしまった生物が、襲いかかる天敵を振り切り、五体満足なままの他の仲間たちとの生存競争にも圧倒的な勝利を収めながら、何百世代、何千世代にも亘って繁栄し、ついには他のすべての原種を淘汰してしまったのだ」と言い張っているのがダーウィンの進化論なのです。

だとすれば、そこに自然科学の学説としてのいったいどんな正当性があるというのでしょう？もちろん、太古の地球には、一時的に鳥の先祖となる生物に対してだけ、まったく天敵が存在しなかった時代があったといって言い張れないことはありません。しかし、天敵がいなければ鳥は鳥として進化できないはずです。なぜなら、天敵のいない世界では、オーストラリアの飛べない鳥がそうであったように、鳥は飛ぶなどという面倒くさいことは止めて、羽を退化させる傾向にあるからです。

つまり、もし天敵がいたとすれば鳥の祖先である生物の中間種は生き残れず、天敵がいなかったと仮定すれば、鳥の祖先である生物は、鳥へと進化する必然性を持ち得ないということになってしまうため、どちらにしても、ダーウィンの進化論の下では、鳥の祖先である生物は鳥に進化することはできなくなってしまうのです。したがって、ダーウィンの進化論は、その進化論の真の理解者であり、生みの親であったウォレスが主張していたように、初めから、明らかに間違っていたものなのです。

にもかかわらず、こうした三文SF小説にも劣るような学説が、その後一五〇年以上にも亘って、それをあたかも絶対的に正しい学説であるかのように喧伝するダーウィニズムという社会思想に姿を変えてわれわれの社会を支配し続けているのです。だからこそ私たちはそろそろ、この「ダーウィンの進化論」という社会思想の正体について、真剣に検証すべき時期にきていると言えるのです。

進化論の世界に決定的な学説など一つもなく、それはダーウィンに代表されるようなものでもなく、ダーウィン以外にも、それこそ無数と言っていいほどの学者たちが、それぞれに互いの主張を否定し、あるいは互いの不備を補うような観点から独自の仮説を提唱しているものであり、もしそうしたすべての進化論にたった一つの共通項があるとすれば、それは、「すべての生物は、より原始的な生物から徐々に進化してきたものであり、人間も例外ではない」というものにすぎません。

ダーウィニスト達は、この主張を盾に、「自然科学の立場からみれば、人間が神によって創られた特別な存在であるというような考えはまったくの虚妄であり、人間も他の生物と同じように、単なる自然現象によって生み出され育まれてきた動物の一種にすぎず、人間にもっとも近い種は猿の仲間であり、したがって人間は《神の子》などではなく、《猿の子孫》にすぎないのだ」と私たちに告げてきました。

そのため私たちの多くは、「進化論」というものが、宗教にとっては決して受け入れることのできないものであると思い込んでいます。すべての宗教にとって進化論は異端であり、進化論の登場によって宗教が受けたダメージははかりしれないのだ、と。

しかしそれもまた、正しくはないのです。

なぜなら、そうした進化論が唱えている『すべての生物は、より原始的な生物から徐々に進化してきたものであり、人間も例外ではない』という生命モデルは、西洋世界の宗教関係者にとっては決して正しいと認めることのできないものであったとしても、私たちが生を受けた東洋に太古から叡知を提供し続けてきたインドにおいては、それより遙かな昔から、最も基本的な生命モデルとして、ヴェーダやヴェーダーンタという聖典の中に開示されていたものだからです。

ヒンドゥーイズムの至高の聖典であるヴェーダやヴェーダーンタに開示されている生命モデルも、自然科学の進化論と同じように、「人類もまた、他の生物と同じように、より下等な生物から進化してきたものである」と教えています。「人間も他の生物と同じように、自然によって生み落とされ、自然現象によって育まれている生物であり、人間と他の生物の間に〈生物〉としての本質的な違いは何一つ存在していない」と。

しかしその一方で、自然科学の進化論とは決定的な違いも見せつけてきます。その違いを一言でいうと、自然科学の進化論は、ただ単に人間を動物のレベルに引きずり下ろして終わるのに対して、ヴェーダ及びヴェーダーンタに開示されている生命モデルは、逆に、「すべての生物を等しく神の子としての尊厳の中に引き上げていくものである」ということです。

自然科学の進化論は、「人間は、他の生物から進化してきたものだから、動物以外の何ものでもない」と宣言して終わります。しかし、ヴェーダやヴェーダーンタの進化論は、「その人間はすべて神の子である。したがって、人間の祖先であるすべての下等な生物もまた、すべて例外なく進化の途上に生きている神の子たちなのである」と教え諭してくるのです。

ヴェーダやヴェーダーンタの進化論は、そのように、人間がより下等な生物から進化してきたものであると明言した上で、それでもなお、他の生物とは一線を画した特殊な存在であることも教えてきます。その特殊性とは、「人間だけが神を認識し、その存在に魂を揺さぶられながら生きている」ということです。この一点の特殊性にこそ、進化の頂点に人類が存在していることの真の意味が隠されているのだと、その聖典は告げているのです。

今さら進化論の主張を検証するまでもなく、すべての生物がより下等な生物から進化してきたものであり、私たち人間も例外ではないということは疑う余地がありません。

私たち人類が、原初の祖先を他のあらゆる生物と共有していることを物語るように、私たちが肉体的、精神的な領域に持っているもののすべては他の動物たちの中にも、必ず何らかの形で見出すことができます。

あらゆる動物が生きるために身につけている基本的な本能と、私たち人間が持っているそれとは完全に一致します。

私たち人間に家族愛や社会性があるというのなら、野獣や、蟻たちの中にもそれはもっとわかりやすい形で存在しています。

私たち人間に知恵があるというのなら、あらゆる下等な生物たちもそれを程度の差の中で持ち合わせています。

あらゆる動物が、争い合うこともあれば助け合うこともあります。

あらゆる動物に、他者への配慮とエゴがあります。

あらゆる動物に喜怒哀楽を感じ取る心が存在し、私たちと同じように、ファッションを楽しむ動物もいれば、私たち以上に歌や遊びに興じる動物たちもいます。

ただ一つだけ、彼らと私たち人間を決定的に隔てているものがあるとすれば、それは、『人間だけが、自然を超越した不可知なるものの存在を《神や仏》として感じ取り、逆らいがたく心を揺さぶられ、信仰や探求へ駆り立てられているのに対して、他の生物には一切それがない』ということです。

この一点においてだけ、私たち人間は、進化という途切れることのない他の動物とのつながりの中から飛翔し、明らかに超越的な領域の住人になっています。

もし私たち人間が、ダーウィンの進化論が主張するように、ただ単に、知能を発達させただけの動物の変種にすぎないと言うのなら、人類の中に、時と場所を越えて、もっとも普遍的で、もっとも強い影響を与え続けてきたものとして神への祈り（宗教活動）がある以上、他の動物たちの中にも、その土台となったような、何らかの原始的な宗教活動が確認されていなければ説明がつかないことになります。

しかし奇妙なことに、私たちはいまだかつて、どのような野生動物の社会にも、その発生を予感させるようなものを何一つ発見したことはないのです。


人間だけが、神や仏という不可知な存在に対して逆らいがたい興味を覚え、反応します。ある者はそれを恐れ、ある者はそれを愛し、渇望します。そして、それが「なぜなのか？」ということについて考える時、誰もが途方に暮れてしまいます。

なぜなら、私たち人類の進化が、自然科学の進化論が主張するように、ただ単に、自然界の生存競争を生き残るための知的な能力を獲得した結果として起こったのだとすれば、その進化がなぜ、自然界の生存競争を勝ち抜くためには何の役にも立たない、自然を超越した不可知なものへの探究心や、神への信仰心を獲得させていったのかについては、それを唯物論のなかで説明することがまったく不可能になってくるからです。

私たち人類と他の生物とは、この一点においてだけ完全に違っているのです。

このことを、ヴェーダ及びヴェーダーンタの進化論はハッキリと認識させた上で、それでもなお、私たち人間と他のすべての生物に秘められている存在価値そのものについては、一切差別しないのです。なぜなら、ヴェーダ及びヴェーダーンタに開示されている進化論は、実をいうと『進化論』というよりは『成長論』と呼んだ方が相応しい生命モデルだからです。

人がもし唯物論の上に立ったままで進化論に向かい合うのであれば、例え人が他の下等な生物から進化してきたものであったとしても、自分と他の生物の根源的な存在価値の間に、完全に同等の尊厳を見出すことはできません。

しかし、私たち人間も他の生物も、共に自然を司る力によって、自然そのものを素材として、自然の一部として生み落とされ、育てられているものです。そうである以上、私たちと他の生物に秘められている本質的な存在価値というものは、自然そのものから見た場合、まったく同じものでなくてはならないはずです。

そして、「それはまさしくそうなのだ」と告げてくるのがヴェーダ及びヴェーダーンタに開示されている進化論なのです。

自然科学の進化論とヴェーダ及びヴェーダーンタに開示されている進化論とのもっとも大きな違いは、自然科学が生物の肉体の進化論であるのに対して、ヴェーダ及びヴェーダーンタに開示されている進化論は、その肉体の死によっても滅びることのなく、輪廻転生によって新たな人生へと導かれながら生き続けていく〈魂〉の進化論だということです。

自然科学の進化論の上に立つならば、肉体の死がその生物にとってすべての終わりであるため、自分が死んだ後に起こる生物の進化によって自分自身が得るものは何一つありません。しかし、ヴェーダ及びヴェーダーンタに開示されている進化論の上に立つならば、すべての生物は自分の死の後に起こる生物の進化の直接の体験者、進化の果実を〈味わうもの〉になります。しかも、すべての人（厳密に言えば、すべての生物）の人生は、『たった一度の人生』ではなく、肉体の死の後も輪廻転生によって獲得する新たな人生へと繋がっていくことになるため、今の人生で行ったこと、体験したこと、考えたことのすべてが、死によって無になるのではなく、次の人生を生きる上での重要な《基盤》としての意味を持ってくることになるのです。

つまり、すべての人がその人生の中で経験していることに、「無駄なことや、無意味なことなど何一つもない！」ということに、です。

私たちは、自分を含めたすべての生物の祖先がバクテリアであるという進化論は信じることができます。しかし、自分そのものに、何億年も前に生きていたバクテリアとしての過去が存在しているということは信じることができません。

しかし、ヴェーダ及びヴェーダーンタの進化論は、「それが真実である！」と告げてくるのです。なぜなら、私たちの存在の実体は肉体にあるのではなく、肉体の死によっても滅びることなく、次の人生へと輪廻転生していく魂にあるからです。

したがって、ヴェーダ及びヴェーダーンタの描き出す生命モデルを通して世界を眺める時、すべての生物は、神を父として、自然を母として生み落とされ、育てられている何万年、何十万年、…あるいは何億年と年の離れた兄弟姉妹だということになります。

ヴェーダ及びヴェーダーンタの進化論において、私たちと他の生物との違いはただ一つしかありません。それは、私たち人間は進化によって導かれているゴールに近く、他の生物はそれより遙かな前段階にいるということだけです。

しかし、「もしすべての生物が私たちの兄弟姉妹であるというのなら、私たちの体が、そうした兄弟姉妹たちを殺して食べなければ生きていけないようにできているというのはおかしいではないか」という疑問がおきます。そして、ヴェーダ及びヴェーダーンタは、この問題に対しても明快な答を用意しています。

その答とは、「肉や魚を食べなければ人は健康に生きていけない」というのは、真実を見失った人間が陥っている迷妄であって「人の体も心も、他の生物を殺して食べるようにはつくられておらず、動物や魚を食べることによって健康を損ねるようにつくられている」というのが真実である、というものです。

そしてその主張が正しいことはヴェーガン（肉も魚も卵も乳製品も動物性のものは一切食べないヴェジタリアン・完全菜食主義者）として生きている人々が証明していますし、『人の体も心も、他の生物を殺して食べるようにはつくられておらず、動物や魚を食べることによって健康を損ねるようにつくられている』ということを科学的に証明するようなデータも数多く存在しています（ちなみに、私自身が一五年以上前から、肉も魚も卵も動物性のエキスの入ったものも一切飲食しないヴェジタリアンとして生きているし、私の周りには他にも多くの菜食主義者の人々が存在していて、その多くの人がヴェジタリアンになる以前より健康になっています）。

例えば、人間の体を解剖学的に他の動物と比較してみたとします。

すると、人間の歯や内蔵の特徴が、肉食動物や草食動物や雑食動物ではなく、果物や木の実や穀物や根菜を常食とする果食動物にもっとも近いことが分かります。

その一、まずは歯の形状です。

肉食動物の場合、門歯はあまり発達していませんが、犬歯は著しく長くとがっており、臼歯も同じようにとがっています。そして、それらの先は上下が重ならず、獲物の肉を引き裂くのに都合がいいように、横に沿って並んでいます。

それに対して、草食動物の場合は門歯が特に発達していて、臼歯は先が平たく面積も広く、側面だけがほうろう質になっています。

雑食動物の場合、門歯は草食動物のそれに、犬歯は肉食動物のそれに似ていて、臼歯はその双方の目的に合うように、平たいものと、とがったものの両方を備えています。

果食動物は、歯全体がほぼ同じ高さであり、犬歯はわずかに長く円錐形ですがそれほど鋭くはありません。臼歯は先が平たくなっていると同時に、ほうろう質のひだがあり、肉を引き裂くのに好都合なとがった形はしていません。

そしてこれらの特徴は、人間の歯の特徴そのものです。

その二、次に、消化器管を比較してみます。

すると、肉食動物の腸の長さは体長の三倍ないし五倍で、胃の形はほぼ球形をしているのに対して、草食動物の場合は、腸の長さは体長の二〇倍ないし二八倍もあり、その胃は大きく、複雑な構造をしています。

果食動物の腸の長さは、体長の一〇倍ないし一二倍で、その胃は肉食動物よりやや大きく草食動物ほど複雑でなく、腸との間に第二の胃である十二指腸を持っていて、その特徴は人間のそれとほぼ同じです。一部の解剖学では、人間の腸の長さは体長の三倍ないし五倍とされていますが、これは、動物の体長を口から肛門までの長さとしているのに対して、人間の体長だけ頭の先から足の裏までの長さとしているためであり、口から肛門までとして計測すれば、ほぼ同じ比率になります（その一・二　スワミ・ユクテスワ著『聖なる科学』より）。

その三、人間の唾液腺は植物を消化する為のアミラーゼを分泌しますが、肉食動物にはこれがありません。

その四、人間の胃酸濃度は肉食動物の二〇分の一で、これは草食動物に近いものです。

その五、人間は動物性の脂肪を摂取することで動脈硬化を引き起こしますが、肉食動物はそれを無制限に新陳代謝し、動脈硬化を生じません（その三・四・五　医学博士小窪正樹著『食物と健康と霊性』より）。

そしてさらに、人間が本来、動物を殺して食べるような生物としてつくられていないことは、こうした解剖学的な所見よりも、精神的な部分により顕著なものとして存在しています。すべての肉食動物は、自分で動物を殺して食べます。その時肉食動物は、牙で噛み砕かれ、血を流しもがき苦しんでいるか弱い動物たちの哀れな様子を見て、涎を流して興奮し、舌なめずりをしながら食欲を高揚させていきます。

しかし、私たち人間はどうでしょう。

あなたは、牛肉や豚肉や鶏肉を毎日美味しく食べているかもしれません。しかし、あなたがどれほど肉食が好きだったとしても、自分の手で牛や豚や鶏たちの首を刃物で切りさき、飛び散る血しぶきをその身に浴びた後でもそうした動物の肉を食べたいと思うでしょうか？　その時あなたは、苦痛にもがき苦しみ、息絶えていく動物たちの様子を見ながら、涎を垂らし、その体から切り取られた肉でつくられる料理のことを思いながら幸福感に浸れるでしょうか？

もしかすると、あなたの心はそれとは真逆の反応を示すのではないでしょうか？　その時あなたは、目の前で動物たちが血を流し、殺される光景からは目を背けたくなるのではないのでしょうか？　そうした光景を目の当たりにした後では、その肉を食べたいという食欲を失うのではないでしょうか？

もしそうなら、あなたは本来、動物の肉を食料とする生物ではないことを意味しています。もしそれが、人類全般に言えることなら、人類は本来動物の肉を食料とする生物ではないことを意味しています。

しかし、人間には高度な知性や理性があるため、子供の頃から「それが正しいことである」と教え込まれれば、平気で人でも動物でも殺せるようになるし、食べることができるようにもなります。問題は、本当にそれが、人間にとって真に適切なことかどうか？　ということです。

一般の人々には、「菜食だけでは栄養が不足するのでは？」という思い込みがあります。しかし、人間にとって最も良質のタンパク質は動物の肉ではなく、大豆などの豆類の中にあることが科学的に証明されています。また、近年社会問題となっている骨粗鬆症なども、肉食が原因となって起こっていることが多く、菜食主義者の方にその症例が少ないこともデータ的に明らかにされていることです。

その一例が、アフリカのパンツー族とイヌイットの食生活と骨折頻度の比較データです。アフリカのパンツー族は一日の平均カルシュウム摂取量が三五〇ミリグラムと少なく肉はほとんど食べません。一方の極北に暮らすイヌイットは大量の生肉を主食とし1日平均のカルシュウム摂取量も二〇〇〇ミリグラムと非常に大量です。しかしイヌイットは世界で最も骨折が多く、パンツー族にはほとんど骨折がないのです。こうしたカルシュウム摂取量が多い国に骨折が多いというパラドックスについて、世界保健機構（ＷＨＯ）は、カルシュウムの摂取量にではなく、骨が日々失っていくカルシュウムの排出量の方に原因があると推論しています。つまり、菜食主義者は、カルシュウム摂取量は少ないかわりに、骨が失っていく量はそれを補って余りあるほどに少ないため、骨粗鬆症になりにくいということなのです。

菜食が体力に及ぼす問題についても、面白いデータがあります。

その一つは、肉食が日本に広まる以前の、明治九年から三八年にかけて東京帝国大学医学部教授として日本に滞在していたドイツ人のベルツ博士の残している記録です。彼は、日本に来て、人力車の車夫たちのスタミナに大変驚いたことが記録として残っています。そこで彼は、そのスタミナの秘密を探るため食生活を調査してみました。すると、植物食（野菜と穀物）では毎日四〇キロの走行を体重を減らすことなく三週間連続して行えたにもかかわらず、牛肉食にすると、僅か三日で疲労しダウンしたというのです。そしてその後、元の植物食に戻すと体力は元通りに回復したというのです。

さらにもう一つ、二〇一一年七月の新聞には、世界最大の自転車レースとして知られるツール・ド・フランスのディヴィッド・ザブリスキー選手三二歳が、食生活を九ヶ月前から肉、魚、卵を一切食べない菜食に切り換えてレースに挑むという記事が掲載されていました。これは一〇七年のツール・ド・フランスの歴史の中で初めてのことであり、注目を集めていると。注目を集めているのは単なる物珍しさからではなく、食生活を完全菜食に変えたことで、彼が以前から抱えていた健康面での医学的な問題点が驚くほど改善され、レースの記録自体も今までで最高のものになっているからだと。

これらのことは、現代社会に蔓延している病の多くが過度の肉食に原因していることを暗示しています。そしてそれは、世界中で急増している糖尿病にも言えるのです。

なぜなら、過度の肥満大国として知られている南太平洋のナウル島の人々は、三人に一人が糖尿病だといわれていますが、彼らは肥満だから糖尿病になったのかと言うと、そうではないからです。ナウル島の人々はある時期まで、全員がお相撲さんのように太っていても健康な人が多いことで有名でした。この島の人々に急激に糖尿病が増えていったのは、島に燐鉱石が見つかり、その資源の外資による採掘と輸出によって莫大な富がもたらされ、それまでの食生活から欧米型のファーストフードなどの肉食中心の食生活になった後からです。そして、それと同じことが、トンガなどでも起こっています。日本も例に洩れず、食生活の欧米化に伴い、糖尿病患者は四〇年前の六倍に増えています。したがって、肉食が糖尿病と密接に関わっていることはもとより、人間の健康を害する原因になっていることは明らかなのです。

では、完全菜食に何の問題もないのかというと、実は、一つだけ問題があります。それは、完全菜食ではビタミンB_{12}を十分とるのはかなり困難だということです（完全に信頼できる活性ビタミンB_{12}を含む植物は存在しないため欠乏症になるリスクがある）。ビタミンB_{12}は必須栄養素で、造血や神経細胞の発達などに関わっている重要なビタミンなので、これが長期間欠乏すると健康被害を発症することになります。

一見するとこの事実は、「人間は本来完全な菜食動物である」という主張と矛盾しているように思えるかもしれません。なぜなら、人間が菜食動物なら、菜食によって不足する栄養素など存在しないはずだからです。しかし、それには意外な理由があり、その理由は人間が菜食動物であることを逆説的に証明しているものなのです。

その理由とは、今の人間は、完全な菜食に徹しても、他の草食動物とは一点だけ完全に違う食生活になってしまっているということです。その違いとは、他の草食動物はすべて、草と一緒に土を食べるのに対して、人間だけは土を完全に洗い落として食べているということです。そして、ビタミンB_{12}は、土の中にそれを作り出す微生物と共に存在しています。そのため、土を「大地の女神からの贈り物」と考えて完全に洗い流さずに野菜を食べるインド人にはビタミンB_{12}欠乏症がほとんど存在せず、そうしたインド人がイギリスに移住したとたん欠乏症になるという事例が多く存在していたりするのです。

こうしたことから総合的に判断すると、人間が菜食動物であるという主張はそれなりに正しいのかもしれないと考え始めた方もいらっしゃるのではないでしょうか。しかし、それでもなお一つの疑問が残るはずです。

その疑問とは、「では何故人間は肉を好むようになり、それ無しには生きていけないと考えるようになったのだろう」というものです。私たちの中には、「肉を食べたいと思うのは、体がそれを必要としているからだ」という思いがあります。「だとすれば私たちが肉を好んで食べるというのは正しい行為ではないのだろうか」という思いが浮かんできます。しかしそれも、どうやら違うようなのです。

この現象を冷静に検証してみると、それが単なる食の好みの変化ではなく、薬物中毒の症状に極めて似ていることが明らかになってきます。

薬物中毒の特徴は、それを摂取すると肉体的にも精神的に活力がみなぎるような錯覚に陥りますが、現実には肉体も精神も徐々に蝕まれていきます。そして、それと同時に、それが切れると禁断症状を起こし、それなしでは生きていけないと考えるようになり、摂取量は増え続けます。そしてそれは、厳密に比較する限り、肉食が引き起こしている現象とそっくりそのまま当てはまることになります。そして、それに関する興味深いデータがあるので、以下に紹介しておきます。それは、ジャンクフードと自然食が生物に与える影響を調べたものです。

一般的に言っても、健康被害をもたらす肥満の原因となっているのはジャンクフードであることが広く知られています。そして、そうしたジャンクフードを好んで食べる人の多くが「やめたいと思ってもやめられない」と口にしています。そこで、そうした人々の肥満の原因が単に本人の意思の弱さによるものなのか、何か脳内に変化が起きているためなのかを調べる研究が、二〇一〇年三月にラットを用いて行われたました。具体的な実験方法は、ラットを三つのグループに分け、第一のグループには自然食だけを、第二のグループには自然食とジャンクフードを、第三のグループにはジャンクフードだけを無制限に与えるというものです。

ジャンクフードを制限無しに食べさせ続けたラットの体重は急増し、同時に食餌が脅迫行為となっていきました。そこで、食餌を止めさせるために餌を食べようとした時に電気ショックを与えたところ、他の二つのグループのラットは食べることを止めましたが、ジャンクフードを制限無しに与え続けていたグループのラットだけは電気ショックが与えられても食べることを止めなかったのです。しかも、このグループからジャンクフードを取り上げ自然食のみを与えたところ、ラットたちはさらに不思議な行動をとりました。今度はハンストとも言える自発的飢餓状態に入ってジャンクフード以外の自然食を食べようとはしなくなったのです。そこでラットの脳を調べた結果、ドーパミンD_2受容体の減少が認められ、コカインやヘロイン中毒に類似した所見が認められたということです（※出典は小窪正樹医学博士の『食物と健康と霊性』です）。

私たちの中には、肉や魚を好きなだけ食べられるほど豊かになった結果、人類は健康で長生きができるようになったという思い込みがあります。

しかしそれもまた事実ではありません。人間は、過度の肉食によって驚くほど健康を損なってしまっているというのが事実です。人類の平均寿命は驚異的に延びたかもしれませんが、健康は損なわれ続けています。平均寿命が延びたのは、人が健康になったからではなく、医学が発達し、それ以前では不治の病だったものが簡単に治るようになり、例え治らなかったとしても、高度に発達した医療によって重大な病気や疾患を抱えたまま生かされ続けているからに過ぎません。

蛇足ながら、私たち日本人にとって、ヴェジタリアンという生き方は決して無縁なものではありません。なぜならわが国には仏教伝来をきっかけとしておよそ千年近い間、政権の中枢にいた貴族階級を中心としてほぼ完全な菜食に近い食文化を育んできたという歴史的事実があるからです。

その食文化は、仏教の頽廃と歩調を合わせるようにして衰退し、獣の肉や魚が次第に多く食べられるようになっていきました。しかしそれでも、そうして食べられていた肉は限られた狩猟によるものであって、家畜として飼育したものではありません。したがって、量的に見れば微々たるもので、明治維新以前は日本に肉食はほとんど存在していなかったとさえ言えるものです。それが今では、二〇〇七年度の統計によると、日本国内で食用として処分された牛の数一二〇万頭、豚一六二七万頭、鶏約七億羽にもなっているのです。しかも食用として消費されているのはこれだけではありません。なぜなら、これと同量以上の食肉が輸入されているからです。だとすれば、これほど異常な食生活の変化が、元々肉食動物としては作られていなかった人間の肉体や精神にとって、いい影響を与えるものかどうかは誰が考えても明らかなのではないでしょうか。

進化論に話を戻します。

私たちの知性や理性は、物理的に発見したり体験したりできないものを《実在》として認めることができないために、《神》という存在に対して懐疑的であり唯物論に流れがちです。

しかし私たちには、知性や理性よりももっと深く、もっと根源的な領域からその存在を指し示してくる、不思議な働きかけが内面の奥深くに存在しています。それは、知性や理性のように私たちにこれ見よがしに騒がしく語りかけてくるのではなく、常に瞑想的な深遠さの中から、もっと根源的に、もっと静かに、「この世には、人知によってははかり知ることのできない、不可知で超越的な何ものかの力が行き渡っているのだ」というメッセージを送り続けています。「その力によって、この世のすべては生み落とされ、育まれ、導かれているのだ」と。

そしてその『何ものか』のことを、われわれは一般的に神として感じ取っているのです。それは物理的に探し出すことも、科学的考察の中で理解することも不可能であるために、自然科学が人類の絶対的な拠り所となって以来、それはあくまで妄想であり、実在しないものとして扱われてきました。

しかし、もしそれが実在しないものだとするならば、なぜその存在を私たちが知性や理性といったものよりもっと深遠なところから働きかけてくる力によって、幾千年の時を隔てた太古から今日に至る全時代の中で、絶対的に感じ取り続けてきたのかということを誰にも説明できなくなってきます。

ある種の人々は、「神への信仰などというものは、人類の知性が、死というものに対する不条理を理解できるまでに進化した結果、死に対する恐怖への知的解決策の一つとして、心の弱さが生み出した現実逃避的な迷妄にすぎない」と、さもわけ知り顔で言ったりします。しかし、この一見もっともらしい主張にも、すべての人がほんの少しでも冷静になって考えてみれば、何一つ正当性らしい正当性が存在していないことに気づくことができます。なぜなら、私たちが神を思う時、それは知性によって思い描かれているのではなく、知性とはまったくと言っていいほど無関係なところで、本能的に心が追い求めているものだからです。

私たちのなかで神を追い求めるのは常に心であり、知性はその時、「心が追い求めている神とはいったい何なのだろうか？」ということを知的に検証しようとしているだけです。

心は、私たちが何らかの困難に直面したとき、その困難が危機的であればあるほど、実際的な解決のために働いてくれる人々にではなく、そうしたものを飛び越して、ほとんど本能的に実在しないはずの《神》というものを私たちに思い出させ、助けを祈らせるような奇妙な真似をし始めるのです。

そしてその時、完全に無意味であるはずの神への祈りは、私たちの動揺する心に対して、知性や理性を完全に圧倒する超越的な影響力を持ってしまうのです。だとすればどうして、神が知性によって描き出された幻影であるなどという仮説が正当性を持ち得ると言うのでしょう。

そしてもし、神が知性によって描き出されたものでないとするなら、神という概念はどのようにして心に取り込まれ、どのようにして心を魅了したと考えられるでしょうか？　人類の心に初めて『神』という概念が思い描かれた瞬間、それはまったくの自然発生的な出来事でしかあり得ないというのに、です。

もしこのことを真に冷静になって熟考するならば、人はおのずから真実に導かれるようにして一つの結論に至るはずです。「私たちの心は、それが存在することを、ただ単に、本能的なレベルで感じ取っているにすぎない」と。

そして、「それはまさにその通りなのだ」と幾千年とも知れない太古から教えてきたのがヴェーダでありヴェーダーンタなのです。そこに開示されている宇宙モデル及び生命モデルの本質は進化論であり、その進化論は、自然の中に生み落とされたすべての生物が、進化という現象の中で辿り着くべき〈特異点〉へと導かれていることを教えてきます。

その特異点が何であるかは、進化という現象を検証することによって明らかになっていきます。私たちが人類を『進化の頂点に立つ生物』と考えるとき、その証は他の生物にはない高度に発達した知能です。そしてその知能の辿ってきた進化を振り返ると、先ず自分の周りにある自然を理解し、次にそれを利用することを覚え、ついにはそれを支配することによって自然が不可避の運命として与えていた病も老いも死も排除し、『自分をより完全な生物にしよう』とするものだということを発見することができます。

進化の中で、自分をより完全な生物にしようとしてきたのは人間だけではなく、他のすべての生物も同じです。

すべての生物は、単細胞生物から多細胞生物へ、自然界の気温に左右される変温動物から、気温に左右されにくい恒温動物へ、陸上で生活できなかった生物は陸上で生活できる生物へ、空を飛べなかった生物は空を飛べる生物へと進化してきたように、何らかの形で『自然の与える制約を乗り越えて、より良い生存環境を手に入れることのできる生物へ』と身体機能を進化させています。

そうした中で、自然は人類の進化だけを、ある瞬間から極めて特殊な方向へと向かう流れに乗せました。自然は人類の進化だけを、ある瞬間に、肉体的なものから知的なものへと切り換えたのです。その結果として、われわれは身体的な能力によってではなく、知的な力によって他の生物を圧倒する生存権と繁栄を手にすることになりました。

しかし、そのことと引き換えに失わされたものもあります。それは、それまで動物として持っていた肉体的な強さ、俊敏さ、免疫力、環境への適応力といったものです。自然は人類を進化の頂点に立たせる過程で、そうしたもののすべてを捨て去らせています。まるで、必要なくなった尻尾のように。

私たちはかつて単細胞生物であったときに、自分の肉体を細胞分裂によって完全に複製して次の世代に生き残る能力を持っていました。そしてその力を、進化という現象の中で捨て去っています。したがって、人類が遺伝子工学によって自分の肉体を複製する力を手に入れたとしても、それは必ずしも進化の証として誇れるようなことではありません。なぜならそれは、すべての生物が進化していく過程で、無用の能力として捨て去ってきたものだからです。もしそうしたことに多大な価値を見出している人がいるとするなら、それはその人が優れた知性を持っている証ではなく、知能の先祖返りのようにして重大な迷妄に陥っている可能性が大きいことを暗示しているだけです。

すべての生物が死を恐れます。そして、人間も同じです。人間もまた、すべてが本能的なレベルでは死を恐れます。しかし自然はその人間を知的に進化させることによって、死を探求し、それを心安らかに受け入れることのできる死生観や人生哲学を構築できる知性や霊性を授けています。

それはまるで、母なる自然が、進化の出発点においてすべての生物に死を恐れさせることによって生きることを強い、生きた結果として進化させ、進化した結果として〈死〉という現象のさらなる先に隠されている重大な秘密に気づかせようとしているかのようでさえあります。

自然は私たちを進化させていく過程で、野生動物であった時のような、生きるために必要な衣食住のすべてを自然が与えるものによってまかなえる、自由で気儘な生活を放棄させました。そしてさらに、様々なことを思い悩ませ、自分の存在意義を探し求めて苦悩させたりすることによって、そうしたことを知らなかった時代の気楽な人生をも捨てさせました。

そうしたことのすべてが暗示していることは、進化というものが、「ただ単に生存競争に打ち勝って他者より生き長らえる力を与えることや、気儘で面白おかしく生きるための能力を獲得させることを目的としているものではない」ということです。

ある種の人々は、「進化というものが、その到達点にゴールとして用意しているものがあるとすれば、それは自然の秘密を完全に理解し、自然の力を支配することによって限りなく完全生物に近づいていくことを可能にする知的能力なのではないか」と考えているかもしれません。しかし、そうした考えに対して、ヴェーダやヴェーダーンタは「ちがう！」と告げてきます。

なぜなら自然は、すべての生物に、自然を理解し、自然を利用して生き抜くための知的な力を〈進化の程度に合わせて〉授けているにもかかわらず、進化の頂点に立った人類に対してだけ突然、「自然の背後には、自然よりももっと偉大で超越的な何ものかが隠れ潜んでいて、その何ものかによって宇宙は生み落とされ、育まれている」というような奇妙な直感を与え、その何ものかを〈神〉として思い描き、探求させるような不可思議な特殊性を与えているからです。

この不可思議な特殊性をわれわれは一般的に〈霊性〉として認識しています。

それは、自然科学とも唯物論とも対立するため、その評価も「科学は人類に真実を教えるものであり、霊性は人類を迷信に陥らせるものである」というようなものになっています。しかしこうした考えに対しても、ヴェーダーンタは異論を唱えます。

なぜなら、科学と宗教に対する一切の偏見も先入観も捨て去ってこの双方を見つめ直すなら、その本質が共に、この世の根源的な真実を探求するものであることを知ることができるからです。ただ違いがあるとすれば、一方がそれを物理的に観測することのできる物質で作り出されている自然そのものの中に見出そうとしているのに対して、もう一方は、そうした自然を超越して不可知であるものの中にその存在を感じ取っているということだけです。

したがってこの二者の間にある対立というものは極めて表面的なものであって、真に本質的な部分での対立というものは存在していないことになるのです。

もちろん、それでもなお、この二者の間には違いがあります。その違いを見定めようとする時、重要な鍵となる哲学があります。

それは、「Aという存在を超越したものについて考えようとするとき、われわれが先ずしなければならないことは、Aというものについて知ることである」ということです。

これをもっとわかりやすく言うと、「蛙より大きな物について考えようとするとき私たちが先ずしなければならないことは、蛙がどれくらい大きいかを知ることである」と言うことです。なぜなら、私たちが蛙というものについて何の情報も持っていなかったとしたら、蛙より大きなものについて考えることは不可能だからです。

これは一見当たり前すぎて、哲学として語るにはあまりにも取るに足らない、人を小馬鹿にしたような話に聞こえるかもしれませんが、実をいうとこのことは、私たちを次の瞬間に、驚くべき命題へと導いていくのです。

その命題とは、『この宇宙には物理的にその存在を探し出せる物質以外のものは存在しない』と考えている科学的知性と、『いやそうではなく、この宇宙には物質でつくられた宇宙を超越したものが存在している』と告げてくる霊的知性（霊性）との間に、「もし進化論的な優劣の差があるとすれば、『物質を超越したものの存在は、物質を知った後でしか思い描けない』という理由によって、科学的知性よりも霊的知性の方が優れていると言わざるを得なくなってくる」というものです。「だからこそ、目に見える自然を理解するための知能が、人類以外のすべての生物に進化の程度に応じて存在しているのに対して、神への信仰を生み出す霊性だけは進化の到達点に立っている人間にしか存在していないのだ」と。

私たちは、自分の中にも自分の外にも、自然以外のものを見出すことはできません。私たちが自分の肉体を通して体験しているものも、知性によって認識しているものも、すべては純然たる自然であり、自然現象です。

そしてそれが誰にも否定できない事実であるとき、私たちが真に理解しなければならないことが一つだけあります。それは、知性も霊性も、私たちが自分の意志や努力によって獲得した物ではなく、進化という現象を引き起こしながら生物を育んでいる自然によって一方的に授けられたものだということです。

そう考えたとき、その事実は、私たちに次のような命題を突きつけてくることになります。それは、「もしわれわれ人類が、進化の頂点にあると言うのであれば、その証としてあげることのできる、他の生物を圧倒する高度な知性と、他の生物には見られない不可思議な霊性と言うものの双方が、共に本質的な部分で、この世の真実を探し出させようとするものとして存在している以上、どちらか一方が真実を見出させ、もう一方が真実を見失わせるものとして存在しているというような仮説は、まったく正当性を持ち得ない」ということです。

そして、もしそれが事実なら、その事実が暗示してくることは、「自然はすべての生物を、その到達地点において真理を獲得させるために進化させている」ということです。しかも、それはそこで終わりません。その先には、さらに驚くべき命題まで暗示されてくることになります。それは、「もし自然がすべての生物に対して、進化のゴールとして用意しているものがあるとすれば、知性に対しては真理の獲得であり、霊性に対しては神の獲得であると言わざるを得ない」というものです。

もちろん唯物論者たちはこうした哲学的な展開のすべてを、「単なる形而上学的なお遊びであり、学問として論ずるに値しない」として嘲笑い、相手にしようとはしないでしょう。そうした人たちは、「自然科学によって実証されたこの世の真実だけがわれわれの信じる唯一の真実であり、何も実証できない机上の学問である哲学などによって描き出されていく真理などに興味はない」と言って、失笑して見せるでしょう。

そうした物言いは常に、彼らとは対極に位置する人々に対する批判として使われてきました。しかし皮肉なことに、唯物論者である彼らが『絶対である！』と叫び続けてきた、自然科学の象徴である物理学の諸発見そのものが、近年になって急に「この世が唯物論的に存在している」という考えを根底から否定するようなものになってきていることを、（くどいようですが）世の唯物論者たちはほとんど誰一人として知りもしなければ、気づいてもいないのです（さらに付け加えるならば、現代の人々が、「人類に科学など存在していなかった」と考えている遙かな太古からヴェーダ及びヴェーダーンタは、「物質的な科学が終わったところから、すべての霊的な科学は始まっている」と告げていることも)。

第七章

神を探し出す哲学

私たちを思い悩ませるものの一つに、「私たちを生み落としたのがこの宇宙だとすれば、この宇宙を生み落としたものはいったい何なのだろう?」というものがあります。

「宇宙が誕生する以前には、時が始まる以前には何が存在していたのだろう?」という謎です。その問い掛けに対して、ある種の人々は、「宇宙を生み落としたものはビッグバンであり、ビッグバンは〈無の揺らぎ〉とでも記述するしかないような〈真空のエネルギー〉によって引き起こされたものである」と答えるかもしれません。そしてそれは、一見、知的で意味ありげなものに聞こえるかもしれません。

しかしそのような答は、実際問題としては何の意味も持っていません。

なぜならその答は、それが口にされたその瞬間から、「宇宙を生み落としたのがビッグバンだとするなら、そのビッグバンを引き起こしたものは何なのか?」となり、その答が得られたとしてもその先にはさらに、「ビッグバンを引き起こしたものがその何かだとすれば、その何かを生み落としたものは何なのか?　その何かを生み落としたものを生み落としたものは何なのか…」というように、新たな問い掛けを、自動的に、しかも無限に掘り起こし続けていくものでしかないからです。

そしてそのあたりの事情は、有神論者にとってもまったく同じことです。

もしその時、有神論者が〈神〉というものを持ち出して、「この宇宙を生み落としたのは神である」というのであれば、その人はそれを口にした瞬間から、「では、その神を生み落としたものは何なのか？　神を生み落としたものを生み落としたものは何なのか…」という問い掛けに永遠に晒され続けなければならないことになってくるからです。

少なくとも私たちは、一般論として、この問題に終止符を打つことのできる理論や哲学の存在を知りません。そのため私たちの多くは、その答を、「永遠に解き明かすことのできない謎」と位置づけて、探求を諦めてしまっています。

少なくとも、ある時期までの私はそうでした。

しかし私はある時、「いや、そう決めつけて、その探求をあきらめるべきではない」と告げてくる不思議な呼びかけと出会いました。「それは、あなたが今まで生きてきた世界に、学問や学識として存在するものによっては決して解き明かすことのできない謎や見果てぬ夢として存在しているだけであって、そうしたものとはまったく違ったものの力を借りることによって描き出すことが可能なものなのだ」と。

そして、これから記述していこうとしているものは、その答です。

それは、厳密に言えば、私が何らかの書物や、誰かの教えなどを通して学んだものではありません。それは、私がある神秘的な出来事の複合的な介在の中で、インドに太古から受け継がれてきたヴェーダやヴェーダーンタの教えと出会った瞬間からおよそ六年あまりの歳月を、仕事も辞め旧知の人々や社会との接触を断ち、毎日四時間から八時間、一日も欠かさず蓮華座を組んで目を閉じた中で行う瞑想の真似事と、ヴェーダやヴェーダーンタに関する書物の精読に費やしながら過ごしていたある日、瞑想と瞑想の合間に待ち受けていた幽玄な静寂の中に、突然このテーマに対する明確な答が、私の意識の中に開示されてきたものです。

しかしそれは、大部分が、膨大な全体像をもつ形而上学的なイメージで構築されたものであり、それを部分的に意識から取り出して言語に変換し、全体像を浮き彫りにするような形で記述しようとする作業はかなり困難で（そのため、それを「真理への翼」という本として書き上げるのに約一〇年の歳月を要しました。この本は、内容的にはその本の改訂版です）、この試みが多少なりとも成功しているかどうかは正直なところわかりません。

これから記述されていく形而上学において、もっとも重要な鍵を握ってくるものは、「われわれの生きている世界に存在しているもののすべては、〈高い場所〉の存在を可能にしているものが〈低い場所〉の存在であり、〈始まり〉という現象や概念の存在を可能にしているものが〈終わり〉という現象や概念であり、〈部分〉というものの存在を可能としているものが〈全体〉というものであるように、自らの存在を、自らの本質に対して（光と闇のような）相対的な異質さを持って存在している〈他なるもの〉によって支えられている《相対的存在》である」という、たった一つの事実だけです。

この宇宙に存在するもののすべては、物理的なものであれ概念的なものであれ、それ自身がそれ自身だけで絶対的に存在しているものではなく、自分の存在を、自分以外の何ものかによって支えられている《相対的存在である》という、このたった一つの事実を基にして建設されていく形而上学は、私たちを『この宇宙を生み落としたものでありながら、それ自身は、自らを生み落としたものをまったく必要としない』という、超越的なものの発見へと導いていきます。「この宇宙を生み落としたものは何なのか？」…という問い掛けが生み出し続ける、永遠の問い掛けの連鎖に終止符を打つことのできる唯一の存在の発見へと、です。

もしこの世に〈高い〉という場所が存在しなければ〈低い〉という場所が存在することもなく、〈高い〉という概念がなければ〈低い〉という概念が存在することもあり得ないということに異論を唱える人はいないはずです。それと同じように、「目の前の椅子にしろ、机にしろ、犬にしろ、猫にしろ、それが単独に、自分以外の何も必要とせずに、絶対的に存在することはできない」ということに異論を唱える人もいないはずです。

それはつまり、「この世に存在しているもののすべては、何一つとして、それ自身がそれ自身だけで絶対的に存在しているものでなく、すべてが、自らの存在を自らの本質とは相対的に異質である自分以外の何ものかによって支えられている相対的な存在である」ということを意味しています。

しかし、このあまりにも当たり前すぎるほど当たり前で、単純すぎるほどに単純な事実に着目することで、今まで人類が幾千年もの間見落とし続けてきた驚くべき真実、「われわれの宇宙を生み落としたものは何なのか？」という問い掛けが生み出し続ける、永遠の連鎖に終止符を打つことのできる唯一の存在の全容を形而上学的に描き出していくことができるのです。

なぜなら、もし誰かが、真に哲学的な思惟の中に身を置いたまま、ここに取り上げられている事実の意味するものを、真に冷徹に見つめるならば、恐らくその人は、そこに次のような哲学の声を聞くはずだからです。

「…だとすれば、われわれがこの世界の中に〈A〉という何ものかの存在を発見しているとき、その事実がわれわれに逆説的に突きつけてくることは、『この宇宙のどこかには、〈A〉とは本質的に異質であることによって〈他者〉となり得ている何ものかが〈A〉というものの存在を相対的な立場から支える《存在のパートナー》として存在しているということの証明に他ならない』ということである」

そしてその時この哲学は、返す刀で、次のような驚くべき宇宙モデルを突きつけてくることになります。それは、「われわれが〈宇宙の存在を発見している〉という事実は、それ自体がこの宇宙の存在証明であると同時に、この宇宙の《存在の背後》には、この宇宙とはまったく異質である《何ものか》が、この宇宙の存在を支えているパートナーとして存在しているということの逆説的証明以外の何ものでもあり得ない」というものです。

つまり、「われわれの宇宙は〈相対的存在〉なので、自分が自分自身の力だけで絶対的に存在できるようなものとしては存在していない。われわれの宇宙は、自分が宇宙として存在しているという事実の背後に、自分がそうして存在していることを可能にしてくれている〈存在のパートナー〉が、自分とは完全に異質な本質を持った〈何ものか〉として存在していることを前提としている」という宇宙モデルを突きつけてくるのです。

そして、この宇宙モデルを取り扱うとき、もっとも重要な鍵となるものは、そのパートナーである何ものかが『われわれの宇宙とは完全に異なった本質を持つ存在でなければならない』という絶対条件です。なぜなら、もしその何ものかが私たちの宇宙の本質に対して《完全に異質な存在》でなかったとするなら、それは私たちの宇宙にとっての《他者》ではなく、単に《未発見の自己》にしかすぎないことになってしまうからです。

そしてその時、「その何ものかは、われわれの宇宙とは本質的な意味において完全に異質なものでなければならない」というたった一つのキーワードは、物理的には知ることの不可能な領域に隠されているその《何ものか》の全体像を、逆説的にほぼ完璧に描き出していきます。

例えば、時間を例にとってみるとします。

私たちの宇宙の中には、過去と未来、始まりと終わり、変化する前と変化した後、…といった、相対的な〈現象〉や〈状態〉や〈状況〉を生み出していく時間の流れが存在しています。そしてその時、「…だとするならば、当然、われわれの宇宙にとっての〈存在のパートナー〉であるその《何ものか》の中に存在しているはずの〈時間〉というものは、『われわれの世界に存在しているものとは完全に異質のものでなければならない』という理由によって、過去や未来、始まりや終わり、状態の変化する前と変化した後…といったような、いかなる相対的な現象も生み出すことのないものでなければならない」ということになってきます。

時間の流れに支配されている私たちの世界にとって、過ぎ去った過去とまだ来ぬ未来はともに実在しないものであり、実在する世界は常に〈現在〉という一瞬の中にしかありません。しかし、私たちの宇宙の存在のパートナーであるその〈何ものか〉においては違います。なぜなら、そこに存在している時間というものは、私たちの宇宙を支配している時間とは完全に異質のものでなければならないからです。

そう考えた時、その世界を支配している時間は、私たちの宇宙の時間のように、そこに存在するもののすべてを〈現在〉という一瞬の中に封印し続けるようなものではなく、逆に〈現在〉として存在している一瞬を、時間的な制限のすべてを排除したところに存在する〈無限〉という時間的な広がりの中に開放するようなものでなければならないことになってきます。

私たちは、どのような存在に対してでも、それが時間的な始まりを持たずに存在していることを、想像することも、認めることもできません。

しかし私たちは、その〈何ものか〉に対してだけは、そうした考えを放棄しなければならないことになります。なぜなら、無限の時間的な広がりを持った時間は、無限の広がりを持った空間が、空間的な始まりも終わりも存在させないように、時間としての始まりや終わりを存在させていないからです。

その時、その時間の中に存在するのは〈始まり〉や〈終わり〉、〈過去〉や〈未来〉というものを生み出していく時間の流れではなく、そうしたもののすべてを、〈無限〉という時間的な広がりの中に呑み込んでしまった現在という時間だけです。

したがってそこでは、〈一瞬〉と〈永遠〉はまったく同じ意味しか持ち得ません。

そこを支配している時間は、あたかも、無数に存在する物質のすべてを溶かし込んでしまった水のようにして、永遠の過去と、永遠の未来のすべてを、無限の時間的広がりを持った現在というものの中に溶け込ませてしまっているのだ、ということになるのです。

したがって、その世界の時間のどこをどう切り取ったとしても、何一つ違いは存在しません。そこには、すべての物質を溶け込ませた水溶液の、どの部分の一滴の中にも、溶け込んだすべての物質が等しく含まれているように、どの一瞬の中にも、等しく、すべての過去と、すべての未来と、すべての現在が含まれています。

しかもその時間は、時間の流れを持たないのですから、自らが支配している世界を変化させることも滅ぼすこともありません。その時間の支配している世界は永遠に続く一瞬のなかに、永遠に存在し続けていることになります。

しかし、その世界が永遠に体験し続ける一瞬の中には、永遠の過去と、永遠の未来のすべが含まれているため、その一瞬は私たちの世界が百数十億年の間に経験してきたドラマのすべてを一つに凝縮したものより、遙かに濃密な一瞬であるということになります。

そしてそのことは、さらに、私たちが無意識の内に抱いている時間についてのある素朴な疑問に対する答を暗示していくことになります。

その《疑問》とは、『時間は一体どこで生まれているのだろう?』というものです。そして、その答が、それは『われわれの世界の存在のパートナーとして隠れ潜んでいる世界だ』というものです。

無限の量の水を湛えた湖のどこかが決壊すれば、その水はそこから外の世界に向かって流れ始めます。しかし、そのことによって、湖自体には流れはおきません。流れがおきるのは、その外の世界においてだけです。その水を、時間に置き換えてしまえば、私たちの世界の時間の流れにも、ある仮説が成立することになります。

つまり、絶対的な時間に支配されていた世界の一部が決壊して時間が流れだし、その時間の流れが私たちの宇宙を生みだしていったのだという仮説に基づいた宇宙モデルが成立し得るのです。その時、その世界の一部が決壊して時間が流れ出したときの現象が、ビッグバンなのだと。

しかもこの仮説は、今なお解決できないままにビッグバン宇宙論の最大の問題点の一つとして持ち越されている問題についても解決できます。その問題点とは、ビッグバン宇宙論にしたがえば、最も原初の宇宙は、『大きさをまったく持たないものになってしまう』ということです。これに対して、この仮説は矛盾しません。なぜなら、時間にはそもそも大きさはないからです。そして、その時流れだした時間の中には、永遠の過去と未来のすべてが溶け込んでいたものなので、それが流れ始めたことによって、自らの中に潜在させていたものを後に残し始め、それが結果的に宇宙創造となったのだという宇宙モデルが成立するため現実とも矛盾しないのです。


また、その〈何ものか〉は、そうした超越的な時間というものの存在を排除して考えたとしても、破壊されることはおろか、傷つけられることさえもあり得ない《不滅の存在》であるということになってきます。

なぜなら、その〈何ものか〉に、もし傷つけられることや、破壊されることがあり得たとしたら、その何ものかは、〈傷つけられる前〉と〈傷つけられた後〉、〈破壊される前〉と〈破壊された後〉という相対的な二つの状態が存在し得ることになり、それはとりもなおさず、その何ものかが、本質的な部分において《相対的存在》であるということを意味するため、われわれの宇宙にとっての《存在のパートナー》という他者ではなく、「未発見の自己の一部でしかあり得ない」

ということになってしまうからです。

私たち人間という存在は、全体的な宇宙から見れば、部分的な宇宙です。そしてその〈部分的な宇宙〉として存在している私たちの中には、命や意識、心や知能といったものが存在しています。…だとするならば、私たちの宇宙にとっての存在のパートナーであるその〈何ものか〉の中にも、そうしたもののすべてが、まったく異質なものとして存在していなければならないことになってきます。

そしてその時、私たちの中に存在するそうした力のすべてが、いずれも極めて限定された範囲内のものであり、不完全なものである以上、その〈何ものか〉の中に秘められている力のすべては、不完全という概念の対極に位置するものが〈完全〉というものである以上、必然的に、「いかなる意味においても完全なものでなければならない」ということになってきます。

つまり、その何ものかの中に、もし私たちの知性に対応する知的な何ものかが存在していたとするならば、それは私たちの知性を縛りつけている、無知や知的限界といったものの一切を排除したところに輝く完全なる知性、即ち〈全知〉として存在していなければならないことになってくるのです。

それと同じように、その何ものかに秘められている物理的な力というものもまた、いかなる限界も持たないもの、…つまり〈全能〉として記述されるべきような超越的ものでなければならなくなってくるのです。

そしてその時、そこに描き出されてくる〈全知〉であり、〈全能〉であり、〈不滅〉であるというその何ものかの全体像は、太古から人類の知性や心の中に暗示され続けてきた《神》というものの以外の何ものでもなくなってきます。

しかし、私たちがここに暗示されてきた〈全知〉や〈全能〉という事を取り扱おうとする時、一つだけ「忘れてはならないこと」があります。それは、〈完全である〉という事を真に正しく理解できるのは、『それを理解しようとする者に、完全な知性が備わっている場合だけである』ということです。

なぜなら、〈完全である〉という事を理解しようとする側の知性に、不完全な理解力しか備わっていなかった場合、その知性によって理解される〈完全である〉という概念は、どう転んでも、永遠に不完全なものでしかあり得ないからです。

それは、歪んだ鏡に映しだされる完璧な直線の映像が、決してあるがままの完璧な直線の映像となり得ないように、完全でない知性によって描き出される〈完全〉というものの概念は、歪んだ鏡に映し出された歪んだ直線の映像のように、永遠に正しい理解とはなり得ないのだ、ということにしかならないのです。

そして、…だとすれば、そのことによってわれわれに突きつけられてくる命題は次のようなものです。

「さまざまな知的限界や欠陥、無知といったものの中で機能している不完全な知性しか持っていないわれわれには、この宇宙の背後に、この宇宙の存在を支えている何ものかが存在し、それが〈完全な存在〉であるという事までは推測できたとしても、《完全な存在》というものがどういうものなのか？　ということを、自らの不完全な知性で真に正しく理解することは原理的に不可能である」と。

しかし、その逆は違います。

私たちにとっては、相手の存在がどういうものであるのかを、真に正しく理解することも、あるがままの真実として知ることも不可能だとしても、相手にとっては（そこに秘められている知性は一切の無知も、知の限界も存在させない完璧なものであるはずですから）、われわれの宇宙の一切は、ミクロからマクロに至るまで完全に理解され、過ぎ去った過去やまだ来ぬ未来についても完全に把握されていなければならないことになってくるのです。

次に、私たちの宇宙の中に存在している、物質やエネルギーや空間といったものに注目してみることにします。

それらは姿や形や質量を持っていたり、物理的現象を引き起こすため、目で見ることができたり、肌で触れることができたり、物理的に観測したり発見したりすることが出来ます。だとすれば当然、私たちの世界とは完全に異質でなければならないその〈何ものか〉の中には、そうしたもののすべてが完全に異質なものとして、…つまり、姿や形を持たないために目にも見えず、質量を持たないために感触も与えず、具体的な物理現象も引き起こさないために物理的にその存在を探し出すことも不可能なものとして存在させていなければならないことになってきます。

まるで水に溶け込むことによって、それまで持っていた個々の姿や形や属性というもののすべてを水の中に消し去り、水溶液というまったく異質のものに姿を変えてしまった、無数の物質のようにして、です。

そしてさらに、その世界のどこをどう切り取ったとしても、切り取られた部分と全体の間には何一つの違いも存在しないことになります。その世界のどこをどう切り取ったとしても、それは、すべての部分と全体、すべての過去と現在と未来を含んだ、完璧なそれ自身のコピーとして存在するだけです。

その世界の中に秘められているもののすべては、永遠に姿や形や質量を持つこともなく、いかなる現象を引き起こすこともなく、私たちの世界からの物理的観測によっては永遠に発見されることもありませんが、私たちの世界に姿や形や質量を持って存在しているもののすべての存在基盤であり、現象を引き起こしているすべてのエネルギーの存在基盤であり、私たちの宇宙そのものの絶対的な存在基盤なのです。

自然科学は私たちに、「この宇宙はかつて、原子よりもさらに小さな一点に凝縮されていた(もっと厳密に言えば、大きさをまったく持たない）量子の大爆発とでも記述するしかないような現象によって誕生したものである」と証言しています。

しかし、自然科学はそれと同時に、「この宇宙を生み落としたものが、この宇宙を支配している時空の誕生以前のものである以上、その時空の中に取り込まれて生きているわれわれが、『それがどのようなものであったのか？』ということを自然科学の実証主義的手法によって明らかにすることは原理的に不可能である」ということも認めざるを得ません。

しかし、この件に関しても、ここに建設されてきた形而上学は、まったく違った証言をしてきます。「われわれの宇宙を生み落としたものが何であるかは、これまで自然科学が発見してきたものだけで十分である」と。

なぜなら、自然科学が言うように、もし私たちの宇宙が過去のどこかで〈生み落とされたもの〉だとすれば、私たちの宇宙を〈存在のパートナー〉として支えているはずの何ものかは、「われわれの宇宙の本質とは完全に異質のものでなければならない」というただ一つの理由によって、〈生み落とされたもの〉という概念の対極にあるものが〈生み落としたもの〉というものである以上、その何ものかは、自動的に「われわれの宇宙を生み落としたものである」ということになってくるからです。

そしてその時、その答を受けて、「では、われわれの宇宙を生み落としたその〈何ものか〉を生み落としたものはいったい何なのか？」という問い掛けを持ち出してくることは、まったく意味を持ち得ません。

なぜなら、その〈何ものか〉を支配している時間には、過去と未来、始まりと終わりといった相対的な二者を生み出すための時間の流れそのものが存在していないからです。

その世界を支配している時間に〈時間の流れ〉が存在していない以上、その世界には遡るべき過去も、始まりも、始まり以前も存在していません。

したがってその世界は、自らの過去を遡った先に存在しているはずの、《自分を生み落としたもの》を持たないのです。それは、自分を生み落としたものを持たない代わりに、自分が生み落としたものを持っているだけです。そして、彼が生み落としたものの一つが、この宇宙なのです。

私たちの宇宙も、そこに存在しているもののすべても、時間の流れによって不可避の影響を受け、生まれたものはいずれ必ず滅び、始まった現象はいずれ必ず終わっていきます。しかし、私たちの宇宙のパートナーであるその何ものかは、まったく違います。それは、生まれた事もなければ、滅びる事もなく、始まりも持たなければ終わりも持たず、ただ、絶対的に存在しているだけです。

そして、こうして描き出されていく宇宙モデルこそが、ヴェーダやヴェーダーンタが幾千年とも知れない太古からインドの求道者たちに教えてきた、神と宇宙の関係であり、と同時に、量子力学がある時期を境に科学者たちに垣間見せ始めた、『われわれも、われわれの宇宙も、それ自身が、それ自身として単独に存在する性格を持たない。私たちも、私たちの宇宙も、自らの存在の背後に、〈時空を超越しているがゆえに不可知である何ものか〉〈創造の源泉とでも言うべき何ものか〉が実在している事を前提としている』という宇宙モデルそのものなのです。

そしてもし本当に、私たちの宇宙を生み落としたものがそうした超越的存在であり得たとした場合、私たちとその存在の〈今現在の関係〉はどうなっているのかということについても考えてみることにします。

生み落とされてから百数十億年が経った今、私たちの宇宙は、私たちの宇宙を生み落としたパートナーであるその〈何ものか〉から完全に独立した存在となっているのか、それとも、今なお完全な影響下におかれているのか？　ということについてです。

そのことについて考えるとき、私たちは、その双方の宇宙が〈空間的広がり〉として持っているはずの、大きさに着目することによって答を導き出すことが出来ます。

私たちの宇宙が空間的広がりとして持っている大きさと、私たちの宇宙を生み落としたパートナーであるその〈何ものか〉が空間的広がりとして持っている大きさは、完全に異質なものでなければなりません。そう考えたとき、私たちが先ず思い浮かべることの出来る〈完全に異質な空間的広がり・大きさ〉というものは、それが「有限か？　無限か？」ということです。

現代科学は、私たちの宇宙が、ビッグバンとして誕生して以来、光速に近いスピードで広がり続けていることを発見しています。恐らく、このまま永遠に加速しながら、最終的には、原子や、素粒子といったすべてのものを跡形もなくなるほどに完璧に引き裂きながら拡散し、消え去っていくのだろうと…。

しかし、永遠に流れていく時間の中で私たちの宇宙空間が無限に拡散していくものであったとしても、今のこの時点に限って言うなら、それは明らかに有限なものとして存在しているのですから、私たちは、この宇宙空間を有限のものとして扱わざるを得ません。そしてそれは自動的に、相手の〈空間的広がり・大きさ〉というものは無限であることを意味してきます。

そして、もしそうだとするならば、その事実が私たちに突きつけてくるものは、次のような宇宙モデルです。

「…だとするならば、《それ》は、われわれの手の届かない、どこか遠くの世界に存在しているのではなく、われわれの手の届かない遥か彼方の世界はもとより、われわれの宇宙に存在しているありとあらゆる時間と、空間と、物質と、エネルギーのすべての中に、姿も形も質量も持たず、いかなる方法によっても探し出すことの不可能なものとして、あまねく偏在していることになってくる」

しかも、私たちの宇宙は相対的な存在であるために、パートナーであるその何ものかの存在なしに存在することは出来ませんが、私たちの宇宙を支えているその超越的な〈何ものか〉自身は絶対的な存在であるため、自らの存在の何一つをわれわれの存在に依存することなく、彼は、彼自身の力だけで、絶対的に存在し続けているということになります。

つまり、私たちの宇宙と、私たちの宇宙のパートナーであるその何ものかは、『持ちつ持たれつ』

といった五分五分の関係にあるのではなく、私たちの宇宙だけが自らの存在のすべてを一方的に相手に依存しているだけであって、相手は私たちの宇宙に何一つを依存していない、ということなのです。

そして、そうしたことのすべてによって描き出されていく、その何ものかの全体像というものは、こういうことです。

「われわれの宇宙というものは、実は、全知であり全能であり、時間的な始まりも終わりも持たずに存在し続けている、われわれの知性によっては理解することも、物理的に探し出すことも不可能な、永遠に不滅である絶対実在として偏在している何ものかによって生み落とされ、支えられ、育まれているものである」と。

そして、ここに描き出されているその『何ものか』は、どこをどう切り取ったとしても、私たち人類が、その起源を探し出すことさえ不可能な太古から、あらゆる宗教の垣根を越えたところで普遍的な共通項として見出し続けてきた、神というものの持つ超越性と完全に一致してくるのです。

こうして描き出されてきた宇宙モデルは、唯物論を否定し、無神論者たちに大きな打撃を与えていきます。

しかし、それと同時に、「神は、われわれの宗教の礼拝儀礼や、教えを通してでなければ、人や世界を救済もしなければ、導きもしない」というような、独善的で偏狭な考えの中で異教徒である隣人を敵視し、血塗られた破壊活動や争い、非人道的なトラブルを引き起こしている、世界中のあらゆる宗教の狂信者たちにも同じような打撃を与えていきます。

なぜなら、ここに描き出されてきた宇宙モデルから導き出されていく、生命論、進化論、宗教論といったもののすべては、神というものが、「どこかの特定の宗教の信者となって跪かなければ誰も救済しない」などというような、独善的で傲慢で偏狭な性格を持った存在ではないということを証明していくものだからです。

それどころか、「神は、〈本質的には〉宗教とは一切関係なく存在し、人間であろうと、人間以外のいかなる生物であろうと何一つの区別も差別もすることなく、この世に存在するもののすべてを自らの目に見えない腕に抱きながら、すべての生物がその人生の中で経験するものの先に用意されている〈ただ一度の人生の先にではなく、悠久の時の流れの中で輪廻転生として体験していく無数の命のドラマの先に用意されている究極の〉ゴールへと導くために、進化という現象の中で育み続けているのだ」ということになるのです。

こうした形而上学によって描き出されていく〈生命モデル〉や〈宇宙モデル〉や〈宗教論〉といったものに、一般の人々がどれほどの興味や意味を見出すのかは分かりません。

しかし、真っ当な知性を持って生きているすべての人々にとって、「時が始まる以前、宇宙が生み落とされる以前には、いったい何が存在していたのだろう?」「なぜ、足下に転がっている石や塵と同じ単なる物質の寄せ集めでしかないわれわれの体に、命や心といったものが存在しているのだろう?」「なぜこの宇宙は、すべての生物を、死を前提として生み落とし続けているのだろう?」といった謎に対する興味というものは、普遍的な関心事であるはずです。

私たちの知性は、すべての生物が生まれてすぐ自分の親を本能的に探すように、ある知的成熟に達すると、この宇宙を生み落としたものが何であるかを知ろうとし始めます。

ある時期まで、人類にそれを教えるのは宗教でした。

そしてそれは、コペルニクスが地動説を唱え、ガリレオがその地動説を支持したために宗教裁判にかけられ危うく火炙りにされかけたあたりから徐々に科学の手に移っていきました。その後の科学の発達はめざましく、僅かな年月の中で、原子というミクロの世界に秘められていた驚くべき秘密を次々と解明してきただけでなく、宇宙というマクロの世界に秘められていた秘密の解明においても、科学史に不滅の金字塔として語り継がれて然《しか》るべき多くの成果を上げてきました。

科学は、今では誰もが一般常識と知っているように、この宇宙の誕生がビッグバンと呼ばれる大爆発に似た現象によるものだったという見解に達しています。

ビッグバン宇宙論を、理論的な側面から支えているのはアインシュタインの一般相対性理論であり、実証主義的な側面から支えているのは『ハッブルの法則』と呼ばれている銀河の観測データです。

物理学の素人が、ビッグバン理論を一般相対性理論を絡めて理解しようとすると、それはほとんど不可能な話になってきますが、もう一方の、ハッブルの法則を通して理解しようとすると、極めて簡単なことに変わっていきます。

ハッブルの法則を生み落とすきっかけとなった、銀河の観測における発見とは極めて単純なものです。それは、天文学者エドウィン・ハッブルが、ヘンリエッタ・リーヴィットという耳の聞こえない女性天文学者によって発見されたばかりの、天体までの距離を測定する技術によって、十八以上の渦巻銀河までの距離と、それぞれの銀河の赤方偏移（観測される光のスペクトル線が赤の方にずれるもので、それは、光を波と考えた場合のドップラー効果によるものと考えられ、光源が観測者から遠ざかっていることを意味しています）を観測していた時に発見されたものです。

その観測のなかでハッブルは、遠い銀河ほど赤方偏移が大きいことを発見しました。これは、遠い銀河ほど早い速度で遠ざかっていることを意味しています。

さらにハッブルは、それらの銀河の動きが、勝手気ままな方向や速度で遠ざかっているのではなく、極めて規則的な、まるで宇宙という一つの風船が膨らんでいるような、統一的なものであることを発見しました。それはつまり、私たちの宇宙に存在している無数の銀河が、一様に、宇宙の中心から吹き飛ばされたようにして遠ざかっているということを意味していたわけです。

ハッブルのこの発見は後に、ベルギーの神父で、天文学者でもあったジョルジュ・アンリ・ルメトール（第一次世界大戦では、戦場で敵の毒ガス攻撃をくぐり抜けて戦うなどの勇猛果敢さで勲章を貰うという、神父や学者らしからぬ経歴の持ち主）の深遠な考察によって、さらに驚くべき宇宙モデルの建設に繋がっていきました。その宇宙モデルは、当時の科学者にとってはあまりに信じがたい途方もないものだったために、無名の彼が誰に話してもまったく相手にされませんでした。

そのため彼は、一九二七年に自国で開かれていた国際会議場に足を運び、その会議に出席していた、天才としてもっとも高名だったアインシュタインを捕まえ、直接彼に自らの頭の中にあった宇宙モデルの話をしました。しかし、その時も、彼の語る宇宙モデルがあまりにも革新的で途方もないものであったため、どれほど説明してもさすがのアインシュタインにも理解されず、「あなたの計算は正しい。しかし、あなたの物理学的な見識にはうんざりする」といって追い返されてしまいました。

彼の宇宙モデルが、一躍脚光を浴び、物理学史に不滅の金字塔を打ち立てていくのはそれからおよそ四年後のことです。世界が経済の大恐慌の真っ只中にあった一九三一年、彼の投稿した論文が科学雑誌「ネイチャー」の五月九日号に掲載され、それをニューヨークタイムズが大々的に取り上げたことによります。

アインシュタインもこの頃になってようやく、「あの時、ルメトールという無名の天文学者が持ちかけた宇宙モデルを安易に無視したのは自分の誤りだった」ということに気づいていました。

「彼の考えついた宇宙モデルこそが、宇宙の現象をもっとも心地よく、美しく、そして満足のいくように解釈している」と。その宇宙モデルこそが『ビッグバン理論』なのです。

ルメトールはこの宇宙モデルを、一切の固定観念に縛られない柔軟な思惟のなかでハッブルの発見したことを考察している時に思いつきました。

つまり、ハッブルの発見したことが、「今現在、すべての銀河や星たちは宇宙の中心から吹き飛ばされたようにして遠ざかっている」ということであるとすれば、その現象を時間と言うフィルムを巻き戻すようにしてどこまでも遡っていけば、今の宇宙のすべては、宇宙の中心に向かって限りなく収束していくことになることに思い至ったのです。

そして、そうした宇宙モデルのなかで理論的に辿り着ける終着点を宇宙の起源として、そこから巻き戻していたフイルムを再生していけば、『その一点が、凄まじい大爆発を起こしたことによってこの宇宙が誕生していく』という壮大な宇宙創世のドラマが展開されていくことになるわけです。

ルメトールの考えついた、この宇宙誕生の謎に迫るアイデアは、その後アインシュタインの頭脳を得たことによって、真に科学的な宇宙モデルとして機能していくことになりました。アインシュタインが果たした役割でもっとも注目されるべきものは、〈膨張の意味〉を明確にしたことです。

アインシュタイン以前の人々は、ビッグバン理論によって示される現象というものを、原初の大爆発によって生み落とされた物質が、何もない宇宙空間の中を四方八方に飛び散っていきながら今ある宇宙を作り出していくというような単純な出来事として思い描いていきました。しかし、そう考えると、すぐに物理学的にさまざまな矛盾が生じて行き詰まってしまいます。

そこでアインシュタインは、ビッグバンという大爆発によって飛び散っているのは物質ではなく、宇宙として存在している時間や空間そのものであるという結論に達したのです。銀河が赤方偏移を示すのは、空間の中を銀河が遠ざかっているためではなく、宇宙空間そのものが膨張していることによって、銀河から出た光の波が引き伸ばされるためである、と。そしてこの理論は、量子力学とタッグを組むことによって、宇宙開闢《かいびゃく》に隠されていた多くの謎を解き明かしてきました。

しかしそれでもなお、この理論には致命的な限界が存在しています。

それは、「この理論によっては、宇宙が誕生したその瞬間に限りなく迫っていくことは出来たとしても、誕生のまさにその瞬間に辿り着くことも、それ以前の世界を覗き見ることも不可能である」ということです。

しかも量子力学は、『プランクの時刻（一〇のマイナス四三乗秒）』と呼ばれる時間を超えて人間の知性が科学的に宇宙誕生の瞬間に迫ることは不可能であることも発見しているのです。なぜそうなるかと言うと、それ以前の世界では、あまりに重力の影響が大きくなりすぎてしまうため、そこに存在するものが起こす一切の運動から法則性が失われてしまい、理論的な予測も、物理的な観測も共に不可能になってしまうからです。

ほとんどすべての人々は、科学が、宇宙開闢の謎を日々確実な進歩のなかで解明しつつあるかのような印象を持っています。

しかしそれは決して正しい認識ではありません。と言うより、事実はまったくその逆で、科学は厳密に言えば、その謎を解き明かすことが永遠に不可能であることを明らかにしてしまっている、とさえ言えるのです。

科学によって解明出来るのは、どこまでいってもこの宇宙が誕生した後の出来事だけであり、〈プランクの時刻〉として立ちはだかっている神秘の時間の壁が、宇宙の起源の謎を解き明かそうとする科学の終着点であることを…、です。

「この宇宙に始まりがあるのなら、それ以前の世界には何が存在し、いかなる力が働き、どのようなドラマが繰り広げられたのか?」

科学は今のところその答を知りません。その答を明らかに出来る日が永遠に来ないであろうことを薄々知っているだけです。もちろんそれでも多くの科学者たちが、今なお、その謎の解明に挑み続け、さまざまな仮説を建設し続けています。しかし彼らがそうして建設している理論は、もはや厳密な意味での自然科学ではなく、科学的なデータや理論や表現を駆使した形而上学へと姿を変えています。

そして、そうした形而上学のもっとも深遠なもの（それは一般的に宗教哲学と呼ばれていますが）を通して、絶対普遍の宇宙モデルや生命モデルを人類に開示してきたのがヴェーダやヴェーダーンタなのです。

第八章

科学の先にあるヴェーダの宇宙モデル

第二章で詳しく紹介しているように量子力学が描き出している宇宙モデルは、「この宇宙に、物質などというものは実在していない」という奇妙なものです。しかし、私たちの知っている現実は、「この宇宙には物質しか存在しない」という真逆のものです。

この時、この問題を最も簡単に解決できるのは、「量子力学には、今の人類の頭脳では暴き出すことのできない、何か重大な間違いが隠れ潜んでいるのかもしれない」と考えることです。

そして実際、多くの物理学者たちは、「量子力学が描き出しているあり得ない原子モデルの問題は、原子の世界を研究してまだ間もない科学の世界に、過渡期特有の混乱として起こっていることなので、科学がさらに発達していけば、いずれ新たな発見の下で新たな理論が生み出され、それによってすべての問題は解決されていく可能性が高い。したがって、量子力学が描き出している宇宙モデルのことは(不用意に話せば社会に大きな混乱を起こしてしまう可能性があるので)今しばらく高度に専門的な物理学の世界にだけ留めておいて、一般の人々に広く知らせるようなことは極力控えておくべきだろう」と考えることでこの問題をなかったことにしてきました。

そのため、量子力学を広く人々に紹介しようとする教養書の類は数多く出版されていたとしても、量子力学が描き出している原子モデルや宇宙モデルの意味しているものについて真に正しく言及しているものはただの一つも存在していないのです。

しかしすべての人々が、量子力学が描き出している『この宇宙に、物質などというものは実在していない』という宇宙モデルを信じることができないかと言えば、実はそうではないのです。

私たちの世界には、こうした量子力学の宇宙モデルをきかされても、何一つの驚きも混乱もなく、「それは、それまでの科学が描き出してきたものより、遙かにこの世の本質に迫っている、正しい宇宙モデルである」と告げてくる人々がいます。

それはインドの霊的世界に身を置く賢者たちです。

なぜなら、インドの至高の聖典ヴェーダやヴェーダーンタの中に開示されている真に深遠な宇宙モデルというものは、私たちが体験的に知っている、「物質は実在している」という唯物論的宇宙モデルと、量子力学が描き出していく「この宇宙に物質は実在していない」という非唯物論的宇宙モデルの相反する二つが、共に「この世の真実である」というものだからです。

太古からヨギやリシと呼ばれてきたようなインドの賢者たちは実際に、イギリスの植民地時代、インドの霊的文化を嘲笑うために西洋の支配者たちが持ち込んできた科学知識（その中に量子力学の描き出す原子モデルや宇宙モデルもあった）を聞かされた時、まったく何の衝撃も驚きも受けずに、「それは、今までの科学が描き出してきたものよりも、遙かに正しいものである！」と

秘かに称賛していた事実があります。なぜならそれは、彼らの聖典ヴェーダやヴェーダーンタに幾千年もの昔から開示されてきた原子モデルや宇宙モデルを、科学というフィルターを通して眺めたようなものだったからです。

以下は、今からおよそ七〇年前の一九四四年にラーマ・クリシュナ僧団（※）の僧スワミ・ニルヴェーダーナンダによって書かれた本『ヒンドゥーイズム一覧』日本語訳からの抜粋です。

彼はその本の中でこう書いています。

「…この世界を、元素とそれらの原子に分けようとする科学者の試みはすでに無意味となった。原子はもはや物質の究極的な構成要素ではあり得ない。それらは更に、電子、陽子などのエネルギー単位に分解されている。物理学者の分析的な探求が、物質という偽りの外観を突き抜けたのだ。物質は非物質化された。現代物理学のこのような発見が、ヒンドゥーの自然観を確認する方向に一歩進んだというのは、注目すべきことだろう」と。

ちなみに、スワミ・ヴィヴェーカーナンダは、それよりもさらに半世紀も前の一八九六年のロンドンで行った講演の中でこう述べています。

「物理学が、他のすべてはそれの現れにすぎない一つのエネルギーを発見するという貢献をしたら、この学問は終わるでしょう。　…中略…　すべての科学は、結局この結論に至ることに決まっています。創造ではなく現れ、が今日の科学の用いる言葉です。ヒンドゥーは、かれが幾千年胸中に抱いてきた思想が、科学の最新の結論によって、もっと力強い言葉で、もっと明るい光に照らして教えられようとしていることを、偏《ひとえ》に喜んでいるのです」と。そして、同じ時期の別の講演ではこうも述べています。

「今日われわれは、かつて夢想だにしなかった驚くべき事実に対して目を開かせしめつつ、青天の霹靂のようにわれわれに襲いかかってくる現代科学の驚愕すべき諸発見を見ています。しかし、これらの大部分は、すでに幾千年の昔に見出されていたものの再発見にすぎないのです。様々に異なる力は本来一つのものである、ということを近代科学が発見したのはついこの間のことでした。　…中略…　しかし、このことは既にサムヒター（注・ヴェーダの讃歌や聖句集）の中においてさえなされているのです。われわれは、その中に、他でもない、いま申し上げたことの概念に逢着します」（※現在のインドで最も格式のある僧団の一つ。一八九三年単身アメリカに渡り、人種偏見の壁を越えてハーバード大学の教授J・H・ライトに「ここに、学識あるわが国のプロフェッサー達を一つに集めたより、もっと博識な人がいる！」と感銘されただけでなく、瞬く間に異次元の賢者という名声を得、その後西洋世界の知識人たちに多大な影響を与えた近代ヒンドの巨星スワミ・ヴィヴェーカーナンダによって創設された僧団。僧団の名となっているラーマ・クリシュナは、その彼が「私など足元にも及ばない真の賢者」として崇敬していた師の名ラーマ・クリシュナ・パラマハンサからきている。スワミ・ヴィヴェーカーナンダについては、以前出版した『聖なるかがり火』の第三章・《ヴェーダーンタが近代西洋に解き放った巨星》で詳しく紹介してあります）

ヴェーダやヴェーダーンタに開示されている宇宙モデルを通して見たとき、「この世は物質でできている」という私たちの実際的な体験と、「この世には物質などどこにも存在していない」と告げてくる量子力学の主張は共に正しく、この二者の間に立ちはだかっている決定的なパラドックスそのものが一種の幻影として消え去っていきます。

なぜなら、ヴェーダやヴェーダーンタに開示されている宇宙モデルの本質は、「物質は実在せず、実在しているのは物質や物質で作られた宇宙を現実として夢見ている意識の方である」というものだからです。

もちろん、こうした考えを私たちの理性は受け入れられません。私たちの理性は、「実在しているのは物質であり、意識はその物質たちの生み出しているエネルギーである」と考えています。したがって、「肉体が消え去った後に、意識だけが生き残っているなどということはあり得ない」と。

その考えを絶対的な立場から支えているのは唯物論です。なぜ唯物論が信じられているかというと、「科学の発見は常に唯物論の正しさを証明し続けている」という思い込みがあるからです。

しかし事実は違います。

科学の発見が唯物論の正しさを証明するようなものに終始していたのは量子力学以前の話であって、それ以降の物理学の重要な発見の中には唯物論を積極的に支持するようなものはただの一つも存在しておらず、どちらかというとその逆のこと、……つまり、唯物論を否定するようなものに終始しているというのが本当のところです。

しかし、その事実が正しく私たちに届けられることはありません。それが「なぜか？」ということについてはすでに繰り返し書いてきたことなので、割愛します。

量子力学は、『物質は実在しないが、その（実在しない）物質で作られた宇宙が、現実として機能する幻影としてわれわれに発見され、体験されている』と告げてきます。

この宇宙モデルは、私たちがテレビを見ているとき、その画面に、テレビの中には実在していない世界が、まるで実在しているかのようにして映し出されていることとどこか似ています。つまり、私たちが現実として生きている世界は、宇宙という（時間や空間で作られた）スクリーンのなかに実在として描き出された《幻影》だということです。

ただしこの二者の宇宙モデルには、一点だけ決定的に違うことがあります。その違いとは、テレビに映し出されている世界と、それを見ている私たちの関係の中では、実在しないのはテレビに映し出されている世界だけであるのに対して、量子力学が描き出している宇宙モデルにおいて実在しない幻影として消え去っていくのは、私たちが現実として体験している宇宙だけでなく、それを見て体験しながら生きている私たちの存在そのものだということです。

つまり量子力学の描き出す宇宙モデルにおいては、物質で作られた宇宙と、その宇宙の中に生きている物質で作られた自分の体の双方が「存在しない！」ということになってしまうのです。こんな馬鹿な話があり得ると思えるでしょうか？

たぶん、誰も思わないはずです。

しかし、インドの霊的文化を太古から今日まで根底から支え続けているヒンドゥー教の聖典ヴェーダ及びヴェーダーンタはそれが「あり得る！」と告げてくるのです。

しかも、ただ単にそう告げてくるだけではなく、それは自らが描き出す宇宙モデルを基にして、量子力学が描き出している原子モデルや宇宙モデルと現実との間に立ちはだかっているパラドックスをも解決してみせるのです。

その宇宙モデルとは、『この宇宙は、神によって見られている夢のようなものである』というものです。

一見しただけでは、この宇宙モデルと量子力学が描き出している宇宙モデルのどこがどのように似ているのかを理解できないかもしれません。しかし、この二つの宇宙モデルの本質を、何の先入観も持たずに振り返るならば、すぐに、この二つがどれほど類似したものであるかがわかってきます。


量子力学が描き出している宇宙モデルにしたがえば、私たちは実在しない世界を実在すると信じ、現実として体験しながら生きていることになります。そして、これとまったく同じ体験をしているのが、夢を見ているときの私たちです。私たちは夢を見ているとき、実在しない夢の世界を現実と信じながら、その世界の住人として生きています。

夢の世界には、私たちが現実として経験するもののすべてが存在しています。そこには、物質も、世界も、人生として体験するドラマも、それを体験する自分自身も存在しています。そして、そのすべては実在ではなく、夢の世界の外にある現実という世界で眠っている自分の意識によって生み出された幻影です。

そうしたことを踏まえた上で量子力学が『この宇宙の隠し持っている真実』として描き出している宇宙モデルを振り返るならば、それが夢の世界の描写そのものであることに気づくことができるのです。

量子力学以降の量子論は、この宇宙に物質を見たり触ったりできる幻影として生み出しているものは、物理的なエネルギーではなく、意識に近いもので、その意識の実体はこの宇宙の時空の中にではなく、この宇宙の時間や空間の外（言い換えれば、私たちの宇宙にとっての《実在の向こう側》）に隠れ潜んでいるものであると告げています。

私たちが夢の世界を現実として生きているとき、その世界に存在しているもののすべてと、そこで起こっていることのすべては物理的なエネルギーが引き起こしているのではなく、眠っている私たちの意識です。そしてその意識の実体は夢の中の世界には存在しておらず、夢の中の世界からは決して探し出すことのできない（夢の世界から見れば、時空の外、実在の向こう側とでも言うしかない）現実の世界に隠れ潜んでいることになります。

量子力学は、『物質は、非物質的な《場》と《場》の間に絶えず相互作用の、まったく一時的な結果のようにして描き出された《実在する物質》という幻影である』という立場をとり始めています。

これに対して、ヴェーダやヴェーダーンタの宇宙モデルは、『宇宙は、神が（海が波立つ時に、海の一部が波しぶきとして海から分離してしまうようにして）自分から分離し、神を見失ってしまった意識（魂）を、もう一度自らの下に導くための架け橋のようにして生み出しているものである』と告げています。つまり、この宇宙に存在するもののすべては、私たちを思う神の意識と、神を忘れ去った私たちの意識（魂）の相互作用の中で生み出されているものだということになるのです。

量子力学の描き出す宇宙モデルは、すべての科学者にとって、決して信じることのできないものとして、言いようのないショックを与え途方に暮れさせます。それと同じように、「この世は神によって見られている夢のようなものである」というヴェーダやヴェーダーンタの宇宙モデルもまた、それを学んだ多くの人々に、自分の生きているかけがえのない人生や世界を、夢の中に現れては消えていく無意味な幻影へと貶められたような気にさせ、少なからぬショックを与えてきました。

しかしそれは、ヴェーダやヴェーダーンタの宇宙モデルを正しく理解できていないことによる単なる勘違いにすぎません。もし正しく理解できれば、「この宇宙が、神によって見られている夢のようなものである」という宇宙モデルは、私たちの人生を、価値ある現実から無意味な幻影へと貶めるようなものではなく、逆に、この世に生まれ落ちたすべての生物の命を、僅かな年月を生きた後に必ず死によって消し去られてしまうような虚無的なものから、決して死ぬことも滅びることもない不滅の存在へと限りなく価値を高めていくものであることがわかります。

そのことは、私たちが、夢と現実の双方を冷静に振り返ることによって明らかになっていきます。

たしかに、夢の世界で私たちが経験しているものは、何の価値も持たない幻影でしかありません。そこに存在しているもののすべては、心が描き出している幻影であり、目覚めと共に、跡形もなく消え去っていく虚無的な存在です。

しかし、だからといって、その夢の世界を現実と信じて生きていた《自分》までが、目覚めと共に消え去っていく夢の世界と同じ「無意味な存在?」かというとけっしてそうではありません。なぜなら、夢の世界のすべてが目覚めと同時に虚しい幻影として消え去っていくのに対して、その夢の中に生きていた自分自身は逆に、目覚めによって消え去っていくのではなく、夢という幻影から解き放たれるようにして、その夢を見ていた現実世界の自己として目覚めていくものだからです。つまり、夢の世界は無意味な幻影であったとしても、その世界を現実として生きていた自分自身そのものは無意味な幻影ではなく、その世界を超越して存在し続ける《実在》だということです。

この宇宙に存在しているもののすべては、それが幻影であれ、実在であれ、遅かれ早かれ時間の問題として滅び、消え去っていくものです。そしてそれは、厳密な唯物論の中で考える限り、すべての生物にとって、真に虚無的な宇宙モデルであり、生命モデルです。

しかし逆に、この宇宙が、あらゆる宗教の中に《神》として開示されているような、この宇宙を超越したものによって見られている夢のようなものであり、その宇宙を舞台として繰り広げられている私たちの人生が、その神から分離し神を探し求めている《魂》によって見られている夢のようなものであったとするならば、状況は一変します。

その時私たちは誰一人の例外もなく、この宇宙に僅かな年月の命を得ては死によって消滅していくような虚無的なものではなく、(現実の世界で眠っている自分が、夢の中で経験する死によっても死なず、怪我によっても傷つかず、不名誉によっても貶められず、世界の滅亡によっても滅びないように)肉体の死によっても死なず、宇宙の消滅によっても滅びることなく、この宇宙全体を夢見ている神と共に、その宇宙に生み落とされた自分を夢見ている真実の自分として存在し続けていくことになります。

そしてその時、死んだ後に私たちを待ち受ける未来というものは、次の二つのパターンしか存在しないことになります。

一つは、夢の終わりが現実の世界で眠りに就いている自己の目覚めと連動していた場合であり、もう一つは、その夢が終わった後も現実の世界で眠りに就いている自己が目覚めることなく眠り続けている場合です。

言うまでもなく、夢の終わりが現実の世界の自己の目覚めと連動していた場合には、夢の中に生きていた自己は、現実世界の自己の中に、《夢を見ていた自己》として目覚めます。しかし、一つの夢が終わってもなお、現実の世界の自己が目覚めることなく眠り続けていた場合は違います。その場合、夢の終わりと共に一旦消え去った自己というものは、やがて始まる新たな夢と共に、その世界を生きる新たな《私》として生まれることになります。

そう考えたとき、ここに描き出されている、自己の肉体の死によっても、世界の滅亡によっても滅びることなく生き続ける自己の本質というものは、あらゆる宗教に開示されている《魂》というものと極めて似たものになってきます。

そしてその自己が、一つの人生の終わりによっていったん消滅した後も、新た自己と人生を獲得していくという構図は、ヒンドゥー教と仏教に等しく開示されている、輪廻転生というものと極めて似ていることになります（ちなみに、パラマハンサ・ヨガナンダ著『あるヨギの自叙伝』によると、輪廻転生という生命モデルはヒンドゥー教や仏教だけのものではなく、初期のキリスト教会もまた、グノーシス教徒や三世紀のアレクサンドリヤのクレメン神父、オリゲン神父、五世紀の聖ジェローム神父たちが提唱した再生説として受け入れていたと言われています。これが、今のキリスト教から消え去っているのは、紀元五五三年にコンスタンチノーブルで開かれた、第二回キリスト教会議で異端と決議されたからだということです)。

そしてさらに、夢を現実として生きていた自己が、そうした夢を見ていた自己として現実の世界に目覚める現象は、ヒンドゥー教や仏教で言うところの〈解脱〉や〈悟り〉、あるいはもっと普遍的にスピリチュアルな世界で語られるところの〈自己実現〉や〈神との合一〉というものに対する証言と極めて似ていることになります。

しかもそれは、現代科学の到達点に量子力学が描き出している宇宙モデルとも本質的には一切対立しないものです。量子力学と対立しないだけでなく、量子力学と対立している古典物理学とも対立しないのです。

それはただ単に、古典科学のしがみついている唯物論という思想と対立するだけです。

終章

後書きにかえて思うこと

仮に私たちがその場にしがみついたまま一歩も動かなかったとしても、一〇年経てば、一〇年という時の流れが、一〇〇年経てば一〇〇年という時の流れが、私たちを見知らぬ遥か彼方の世界に連れて行ってしまいます。

時間とは不思議なものです。時間は私たちに対して常に絶対的な影響を与え続けていますが、私たちが時間に対して出来ることは何一つありません。もしあるとすれば、せいぜい記憶の中の時間を遡ることぐらいです。

今から三〇年以上昔の話です。

その頃、形だけ大学生だった私はほとんど大学に足を踏み入れることはせずに、大学から遠く離れた駅に降り立ち、どこかうら寂しい感じのする公園を通り抜け、さびれた映画館とストリップ小屋の先にある学生相談所というところへ足繁く通っていました。まだアルバイトを紹介する雑誌などというものがなかったころの話なので、アルバイトを探すためでした。

そこで見つけた仕事の一つに、梅田駅近くのビルの工事現場で、夜の八時から朝の六時まで、ダンプの誘導をしたり、ダンプの荷台からこぼれ落ちた土砂を荷台に積み直したりする仕事がありました。そのアルバイトは、当時の相場からするとかなり高額なものだったので、二ヶ月近く続けました。そして私はそこで、後にその出会いを生涯忘れることのできなくなる一人の青年と知り合うことになりました。

彼との付き合いは、時間にすればわずか数ヶ月のものでしたが、私はその短い時間のなかで、彼の人生のかなり深い部分にまで踏みいってしまうことになりました。

陰ひなたのない豪快な働きぶりと、目上の人に対する最低限の礼節はわきまえながらも、子供のように物おじしない態度で誰の懐にでも飛び込んで行ける天性の社交性を持っていた彼は、工事現場の人たちともすぐに打ち解けていきました。特に、ダンプの運転手たちには人気があって、皆に弟のように可愛がられていました。

私と彼は、お互いが初めて出会うタイプの人間で、物珍しさも手伝ってか、不思議と気が合いました。

ある時のことです。

彼の右手の甲に、無数といってもいいような、猫にでも引っかかれたような小さな傷があることに気づいて、「その傷はどうしたんだ?」と尋ねました。彼は、周りに聞こえないような小声で、「喧嘩の傷だ」と教えてくれました。

「俺はフック気味にしか相手を殴れないので、相手を殴った時、必ず相手の折れた歯で手の甲を切ってしまうのだ」と。そしてその後、作業着に着替える時に、体の至る所に残っている、釘を打ち抜いた角材で殴られた傷跡や、刃物で刺されたり、切られたりした傷跡をみせてくれました。

「喧嘩なんてするもんじゃない。喧嘩するやつは馬鹿なんだ。喧嘩して得することなんて何もないんだから」

彼は私に向かってよくそう言っていました。そのくせ、そう言った翌日には体にものすごい血ぶくれのような傷をつくって仕事場に来たりしていました。

「その傷はどうしたんだ?」と尋ねると、彼は、「昨日、食堂で定食を食べていたら、客の一人にいきなり角材で殴られた」と答えました。

人はあまり、食堂で定食を食べている時に誰かに角材で殴られたりはしないものです。そういう彼の右手の甲を見ると、そこにはちゃんと新しく出来た傷が血を滲ませていました。

この世でもっとも下らない人種の一つは、喧嘩を武勇伝として語るタイプの人間です。本当に、そうした修羅場をくぐり抜けてきたような人間が、喧嘩の勝った負けたを他人に武勇伝として語って聞かせることなどあり得ません。

「喧嘩なんてするもんじゃない。喧嘩するやつは馬鹿なんだ!」

それは彼の口癖に近いものでした。そして、彼は本気でそう思っている様子でした。

われわれはそうした会話のなかで、少しずつ親しくなっていきました。

彼はその頃かなりしんどい人生にいました。そしてそのことを誰にも話せず、何事もない日々を生きているかのように演じながら生きていました。しかしそのことを誰かに話し、話すことで楽になりたいという無意識の欲求はどこかにあったのだと思います。

そして私は、彼の話をうまく聞いてやれるタイプの人間でした。

彼の口から語られる生い立ちは、決して心温まるようなものではありませんでした。彼の生まれた家は貧しく、自己主張する手段は、家庭の中にあってさえ喧嘩しかないような一面を持っていました。中学校を卒業するころには、他の二人の仲間と暴れ回っていた彼の噂は近隣の柄の悪い高校にまで鳴り響いていました。

彼の友人の一人はその後、二十歳そこそこの年で既にカウンターのしたにオートマチックを隠しながら、一軒の店を任されるようになっていたし、もう一人も似たような世界に足を踏み入れていました。

彼だけは、兄のように慕うことの出来る警官との出会いなどもあって、そうした仲間たちとは別の道を歩むこととなりました。その後の彼は、夜間の高校に通いながら、警察の道場で（実際に喉に突きなどを受けて）血を吐くまでしごかれていたそうです。

そのかいあってか、その頃は街で地元のチンピラと喧嘩しているところを警官に見つかっても、

「なんだお前か。売られた喧嘩ならしかたないけど、ま、適当なところでやめておけよ」というような感じで見逃してもらえるくらいの信用は得ていたそうです。

高校を卒業した彼は、彼のような経歴を持つ人間でも受け入れてくれるような、とある繊維メーカーに就職しました。そして、入社式後の歓迎会で、彼は寮のボス的な先輩に目をつけられていきなり頭をビール瓶で叩き割られたそうです。彼はその時、平然と頭から血を滴らせながら、そばにあった別のビール瓶を手に掴むと何も言わずに相手の横面で叩き割りました。それが、良くも悪くも彼の生き方でした。

会社には男子よりも女子の方が多く、彼はよくもてたそうです。寝るだけの女性に不自由することはなかったと。

しかしそうした生活のなかで、彼は少しずつ人生をすり減らしていきました。なぜそうなるのか、彼自身にも分からなかったのですが、彼の人生の、うまく自覚できないある部分だけが、救いがないほどに渇き続けていたのです。どうすればそれが癒されるのかが、彼には分かりませんでした。

彼は会社を辞め、夜間の大学に入り、俳優養成所に入ってみたりもしました。

そんなある日、彼はふと立ち寄った店で、ある男と些細なことで喧嘩になりそうになりました。刃物に本気で手をかけるような喧嘩です。

しかし結果的には喧嘩になりませんでした。相手が、彼が素人であることと、彼の度胸を気に入って刃物を収めてくれたからです。相手は、公衆の面前で繰り広げられるような喧嘩ではなく、人目につかないような場所で刃物を使うことでのし上がってきたような、ある意味本物のヤクザでした。

彼は日頃からヤクザという人種を人一倍嫌悪していたのですが、その相手だけには、なにかしら心ひかれるものがあったそうです。そしてそれなりの付き合いが生まれ知らず知らずの内に、何かと面倒を見てもらうような場面も増えていきました。

そんなある日、彼が女性を連れて人通りのない場所を歩いていた時、かつて遺恨のあった十人近い不良グループの襲撃を受けたことがあったそうです。多勢に無勢で、相当危険な状況に追い込まれていたとき、偶然その人が自転車で通りがかり声をかけてきたそうです。「何してるんだ？」と。そして「助けようか？」と。

彼が「お願いします」と言うと、その人は自転車を降りて彼らの争いの中に割って入ってきました。最初相手の素性を確かめるように声をかけ、相手が自分のことも知らず、説得に応じる様子もないただのチンピラであることを知ると、その人は声を荒立てることも顔色も変えることもせずに、隠し持っていた刃物で襲いかかってきた相手の太股を、動脈を避けるように（動脈と刃が交差せず、平行に入るように）刺して動きをとめ、片耳を削ぎ落としてみせることで、あっと言う間に相手全員の戦意を喪失させていったそうです。

なぜそういうことをしても警察沙汰にならないのか彼にも分からなかったそうですが、結果としてその後に問題は何も残らなかったそうです。その後、仕事を世話してもらうこともあったし、一宿一飯的な恩義を受けることもあったそうです。しかしその人は、彼に対して実の弟のように接するだけで、決して自分と同じ世界に引き込もうとはしませんでした。

その人には一緒に暮らしている女性がいました。その人はもともと癇癪気質だったらしく、突然怒りを爆発させてその女性に暴力をふるっていました。それは、食卓におかれた魚の頭が右をむいているか左をむいているかというような些細なことが原因でした。その暴力は、薬による禁断症状が加わるとさらに酷くなったそうです。

彼には、か弱い女性に暴力をふるう、そのことだけがどうしても我慢できませんでした。

彼のその思いは、いつしかその女性に対する恋愛感情に変わっていました。そして、思い悩んだ末「俺は、腕の一本も失うことになるかもしれないけど、それでもついてきてくれるか？」と尋ね、相手が頷いたのをみて、その女性を連れて駆け落ちしました。安っぽい任侠映画のような話ですが、実際こういうことは世の中の至る所で起こっていることです。

しかし、彼らの逃避行はほんのわずかな日数で、しかも意外な形で終わりました。

その人が突然死んだという情報が、（どういう形でかは分かりませんが）彼らの耳に入ってきたからです。死因が何であるかは分からなかったものの、その人が死んだらしいという情報だけが彼らの耳に入ってきました。

その話を聞いた彼は、自分が裏切ったせいでその人が死んだような気がしていたたまれなくなり、「大阪へ帰る」と言い出しました。せめて葬儀に出て、その人の霊前に一言詫びを言いたいという思いに駆られたからです。

「今帰れば、何をされるか分からないから止めて！」という、その女性の制止を振り切って彼は大阪に帰りました。

見慣れた家の周りを、黒ずくめの男たちが取り囲み、葬儀は行われていました。彼が兄貴分であるその人の女と駆け落ちしたことは、その組織の幹部にも既に知られていました。それでも彼が、身の危険を顧みずに葬儀に飛び込んできたことや、堅気の学生であることに免じて、今後その組織の縄張りに足を踏み入れないことを条件に、彼はしたことの一切を許されました。

彼が女性の元に帰ると、その女性は彼に、「別れてほしい」と切り出してきました。

彼がなぜだと尋ねると、その女性は、「あなたと一緒にいる限り、私は自分の過去から一生逃れることが出来ない。それが辛いのだ」と泣き崩れました。

なぜだ、という思いはいぜん強かったものの、その女性との関係を修復しようという気力も取り戻せないまま、彼はその女性の申し出をただ受け入れ、言いようのない喪失感のなかで再び大阪に舞い戻ってきました。

しかし奇妙なことに、その女性から別れ話を持ち出された瞬間から、彼もまた、自分がその女性を本当に愛していたのではなかったような気がしていました。自分には、もっと他に本当に好きな女性がいて、その女性を忘れるために別の誰かを愛そうとしていたのではないか、と。

彼が、本当に好きなのではないかと感じていた女性とは、会社の寮に住んでいたころ、弟分のように面倒をみていた男の彼女でした。しかも、さらにややこしいことには、元々その女性が好きだったのは彼で、彼がその女性を振るような形でその男に紹介していたといういきさつもあったのです。

大阪だったか神戸だったか、今となっては思い出せませんが、街の夜景を一望できる高台にその男性を呼び出し、彼と私の三人で、その女性をめぐって、かなり気の重くなる話し合いをしたのを覚えています。話の内容についても、なぜ私がそのような場面に立ち会う羽目になったのかも今となってはよく覚えていませんが、相手の男性が、終始うつむいたまま彼の話を聞いていた姿を、昔見たドラマのワンシーンのように覚えています。

その男性は終始無言でした。そして別れ際、私に向かって、「こんなことに巻き込んですみませんね」とポツリと告げました。そう言われて、私も返答に困ったのを覚えています。

結局これといった進展もないまま、とにかくお互い、これからスタートラインに並んだ状態で彼女を競い合おうというようなことでその場は別れることになりました。

そして彼はすぐにそのための行動を起こし始めました。彼は彼なりに手応えを感じているようでした。

「いずれ彼女は俺の方になびく」と、自信を持って宣言したりもしていました。「彼女と一緒になれば、もう一度人生をやり直せる気がする」とも。

私は彼の言葉通り、そういう方向へ進んでいるのかと思っていたのですが、実際はそれほど単純ではなかったのです。

彼は気がむしゃくしゃすると、「これから喧嘩しに行こう。こういう時は街で気に入らないやつを見つけて殴るのが一番スカッとする。俺は五人までなら絶対丈夫だから、安心して任せろ」と言い出したり、そこに面白い何かがあるという理由で、彼が絶対足を踏み入れてはいけない場所にまで私を連れ出そうとして私を困らせることはありましたが、そうしたことを除けば、私がそれまで出会ったなかで一番面白い男でした。


彼の部屋の方が梅田に近いこともあって、私は彼の部屋に泊まったことが何度かありました。そして、彼にその女性から決定的な別れを告げる手紙が届いた日も、私は彼の部屋にいました。しかしその時はまだ、彼に届いた手紙に何が書かれていたのかを知りませんでした。

彼はその手紙を読んだ後、たいして面白いとも思えないテレビを、無言のまま食い入るように見続けた後、夜になって睡眠薬を飲みました。彼は以前から慢性的な不眠症に悩んでいたらしく、机の引き出しの中に医者から処方してもらった睡眠薬のストックがあったのです。

彼は間違いなく自殺するために飲んだのですが、机の中にあった睡眠薬はそれほど多くなく、素人目にも致死量には至ってないような気がしました。

救急車を呼んだ方が良いような気もしたのですが、ことを大げさにして彼に恥をかかせるのもしのびなかったので、脈を取ったり、顔を叩いてその反応を見たりしながら、そのまま様子を見ることにしました。

彼は次第に深い眠りに入っていきましたが、呼吸も脈もしっかりしていました。

そのまま眠らせておけば大丈夫のような気もしたのですが、薬局が閉まる時間が迫るにしたがって、私は急に不安になり、薬局に走りました。そしてそこにいた店員に「睡眠薬はありますか?」と尋ねました。睡眠薬を買えば、それに付いている説明書で致死量が分かると思ったのです。もちろん、自殺に使えるような睡眠薬など置いてありませんでした。

そう分かったとき、私が店員に向かって口にしたことは「睡眠薬の致死量はいったいどれくらいなのか、人は睡眠薬自殺をしたとき、どのような症状で死んでいくのか?」ということでした。いきなり深夜店に飛び込んできた男に、そのような質問をされれば大抵の人は驚くし、不審にも思います。

「睡眠薬は、その薬の種類や、使用する人の体質によって致死量は様々であるし、死に至る症状も一概に言えるものではない」というようなことを、相手は私のことを十分不審に感じながら告げました。

私が薬局を出て行く時、そこにいた店員とおばさんは、後を追いかけた方がいいのかどうかを迷いながら、半分腰を浮かせたまま私の方を見ていたのを覚えています。

結果から言うと、翌朝、彼は死ぬこともなく、充分に熟睡しただけで目覚めました。笑い話のような話ですが、彼は目覚めた後、私を見て、「死ねなかったのか」と力なく呟きました。「今度だけは死ねると思ったのに…」と言うようなことも。

そして彼は、小学生の頃、自殺しようと手首を切って山に逃げ込んだことがあることをポツリと話してくれました。その時も、大人たちに探し出されて死ねなかったのだと。

その日から少しずつギラギラした危うさのようなものを失い始めた彼は、やがてその街を離れていきました。その後も何度か彼の方から突然私を訪ねてきたりしてしばらくは付き合いが続きましたが、やがてどちらからともなく連絡を取らなくなっていき、やがて完全に消息が途絶えました。

あの日から既に三〇年以上が経っています。

彼は私に幾ばくかの金銭の借りと、精神的な貸しのようなものを残したまま私の前から姿を消していきました。その時私が彼に用立てたのは、一〇万を少しこえるくらいの金でした。それは、彼がその街を出るために必要とした金でした。

高校時代の話です。

「もし皆さんが、自殺しようとしている人を見つけても、助けたりしないでくださいね」

授業中、何かを思い詰めたような沈黙の後で、ポツリとそうおっしゃった先生がいました。「それはある意味でとても残酷なことですから」と。

名前は既に忘れているので、ここでは単に先生としておきます。先生は、ちょっと癖のある髪を耳を隠すくらいまで伸ばした、生物担当の若い教師でした。

先生はいつも少し肩をすくめ、俯きかげんにしておられました。廊下を歩くときも、教壇に立って授業をする時もそれは変わりませんでした。話し方も、ぼそぼそとしたもので、出来ることなら一切目立たずに生きていこうとしているような感じさえしました。実際、それに近いことを口にされているのを聞いたことがあったような気もします。

しかし、意に反するかのように、先生は、教師の間でも生徒の間でも何かにつけて話題になることの多い先生でした。先生の言動が、教師という常識からは、いずれもかなりかけ離れたものだったせいです。当然、学校からの風当たりも相当強かったように聞いていました。

先生はいつもあまり楽しそうではなかったし、笑顔というのをあまり見た記憶がありません。それでもしかし、生徒はみな先生に好感をもっていました。少なくとも、私が知る限り、先生を嫌っている者はいませんでした。

当時わが高校には二人の生物の教師がおられて、先生は私たちのクラスの担当ではありませんでした。したがって、その先生の授業を受ける機会は、私たちを受け持った教師が何らかの理由で授業を離れなければならない時だけでした。それはトータルしても、二、三回くらいのものだったと思います。

冗談一つ言うわけでもなく、ぼそぼそと俯きかげん話す先生の授業は、しかし、未だに強烈な印象として記憶に焼きついているほどに面白いものでした。ただ面白いだけではなく、居心地のいいものでした。授業時間をそれほど長く感じないですんだのは、その先生の授業だけだったような気がします。

それほど面白い授業をしているにもかかわらず、先生自身にはその自覚が全くないようでした。自分は教師に向いていないと思っている様子がありありで、今すぐにでも教師を辞めるべきではないかと悩んでいるようにさえ見えました。それでも先生が、持てる力のすべてを使って、自分に教えられる何かを教えようとしていることは、教えられる側の生徒にはちゃんと伝わっていました。

「モグラはいいですよ」先生は、教科書のページに手をやりながら、ふと言葉につまった後、ぼそぼそとそう言われました。

「モグラを見ていると、人生の嫌なことや辛いことをみんな忘れられます。皆さんも生きるのが嫌になったら、自殺を考える前にモグラを飼ってみてください。きっと思い直せますから。……それでも駄目だったら」

先生はちょっと言葉につまった後、自分の掌をじっと見つめるようにして考え込んだ後、「それはそれで、しかたのないことかもしれませんね」と言われました。

先生はその後しばらく、モグラについての考察を訥々と話した後、もう一度言葉につまると、「もし皆さんが、自殺しようとしている人を見つけても、助けたりしないでくださいね」と言われました。「そういうことは、ある意味でとても残酷なことですから」と。

「もしどうしても助けたいのだったら、その人が抱え込んでいる苦悩を自分自身も背負い込むくらいの覚悟を持ってからにしてください。そうでなければ、それはその人を自殺から救ったのではなく、ただ単に、自殺を邪魔しただけでしかありませんから」

先生のその日の授業は血液型に関するものでした。先生はモグラの話をするときと同じテンションで、皆に小さな板ガラスと縫い針を一本ずつ配り始めました。各班の机の上には顕微鏡とアルコールランプが置かれていました。

「渡された針を火で殺菌した後に、各自、自分の指に刺して板ガラスの上に採血してください。そうすれば顕微鏡で自分の血液型が確認できますから」

板ガラスと縫い針が各自に行き渡ったのを確認すると、先生はわれわれにそう告げました。その後、クラス全員はちょっとしたパニックに陥ったのを覚えています。縫い針を渡されて、それで指を刺して採血するという授業が、まさか存在するとは誰も予想していなかったからです。

しかし、騒ぎは一瞬だけで、それ以上大きくなることはなく、すぐに収まっていきました。その間先生はざわついた生徒に対して、「静かにしなさい！」というような、注意らしい言葉は一言も口にされませんでした。ただ、実験の手順と注意事項について訥々と説明しただけです。

それだけで充分でした。そこにいる生徒の全員が、今教壇に立っている教師が、騒いだり、反発したりして困らせるべき人間でないことを本能的に感じ取っていました。それは、他のどの教師との間には生まれたことのない、なにかしら不思議なものでした。先生の説明を聞き終わった生徒たちは、まだ何となくざわめきながらも、「まぁ、あの先生がやれといっているのだから、やってみるか」といった感じで、縫い針と格闘し始めました。

その時、縫い針を手にして心なしか青ざめ、最後まで逃げ回っていたのはほとんど男子生徒だったのを覚えています。それに比べて女子生徒たちは、わいわいがやがや言いながらも、皆わりと平然とした感じで指に縫い針を刺し、板ガラスの上に血を落としていました。スポーツ万能で、クラスでも一番男っぽいと評判だった男子生徒だけはついに自分の指に針を刺すことが出来ず、親しくしていた女の子から血をこっそり分けてもらい、その場を切り抜けたりしていました。

先生はそれを見ていながら、そのことに何かを言うことはありませんでした。先生が生徒にやらせようとしていた実験はあくまで提案であり、強制ではなかったのです。こうした授業が世間一般に行われていることかどうかは知りませんが、もし行われているのだとすれば、それは、蛙や鮒を解剖することに比べたら遙かに人道的なことであるような気はします。

先生はその日の授業の終わりに、「私は皆さんの担当ではないので、こうして授業できるのは今日が最初で最後かもしれません。でもこうして顔を合わせたのも何かの縁でしょう。もし何か悩み事でもあったら、遠慮なく家を訪ねてきてください。狭い家ですが、モグラを眺めながら、お茶くらい飲めますから」といって、俯き加減に教科書をしまうと、みんなに一礼して出て行かれました。

その先生が学校側からにらまれていた原因の一つは、先生がつくる試験問題にありました。進学校の教師にとって、試験で生徒のランク付けを行うということは重要な職務です。しかし先生は、何かにつけて、そのことを是としない態度をとり続けていました。

教職にある以上、先生としても試験を行わないわけにはいきません。ならば出来るだけ点数の格差の付かないような問題を出題しよう。先生はそう考えて、常に、誰も零点の取れない代わりに一〇〇点も取れないような試験問題を作ろうと心がけておられました。

そのため、先生の出題する試験問題は異彩を放つものが多かったのですが、そんな中でももっとも皆を驚かせたのは、ある年の中間テストだか期末テストだかに出題された、『卵と鶏はどちらが先か?』というものでした。

先生の名誉のために書いておきますが、先生は決して奇をてらって出題されたわけではなく、純粋に、その問題こそが生物学に対する理解の深さを計るにふさわしいと思って出題されたのです。

先生はそこにアンブローズ・ビアスもどきの文学的回答を期待したのではなく、進化論的な答を期待したのです。つまり、鶏であれ何であれ、すべての生物を進化論的に遡っていけば、クーロン的な細胞分裂で種を増やしていた生物に行き着くわけですから、そこまで遡ってしまえば、設問自体が意味を失います。したがって、そうしたことを少しでも踏まえていればどのような答であったとしても合格点であったわけです。しかし、何が書かれていたとしても進化論そのものが不確定要素を持っている以上一〇〇点ということはあり得ず、逆にそのことを踏まえていなかったとしても、何かが書かれてさえいれば〇点ということはあり得なかったのです。

その時の生物のテスト用紙には、出題者自身が最初から一〇〇点満点の回答というものを用意していない、不思議な世界がありました。何かが書かれてさえいれば〇点ということはあり得ず、何が書かれていたとしても一〇〇点満点ということもあり得ないという絶妙な設問を用意された先生だったのですが、残念ながらその真意は、教師にも生徒にも父兄にも伝わらず、話題だけが先行してことの是非を問われることになりました。

それから数週間が経ったある日、その先生に関する一つの噂が流れました。その噂とは、先生がついに学校側から髪を切らされたらしい、というものでした。そして、そういう状況に先生を追い込んだのは、例の『卵が先か？　鶏が先か？』であると。

その当時、わが高校ではやっと条件付きで長髪が認められるようになったばかりでした。近隣の中学は全員丸坊主という土地柄の高校だけに、長髪が認められるようになったとは言ってもかなり厳しい規制の付いたものでした。当然、教師と生徒の間には「もっと自由な髪形を認めろ！」「いや、認めない！」といった対立があり、それはそのまま、教師たちにも突きつけられていた問題でもあったのです。そんな中にあって、先生の耳を隠すほど長く伸ばした髪は、何かにつけて学校側から問題視されていました。

先生は決して軟弱な人ではありません。どちらかというと、まったくその逆の人です。何かを声高に主張したりしない代わりに、自分の信念はきっちり貫いて生きるタイプの人です。学校側からどんなプレッシャーをかけられても、それまで先生は自分の髪形を頑に変えようとはしませんでした。

その先生が、「ついに学校側から髪を切らされたらしい」という噂が流れ、噂の真偽を確かめられないまま数日が経ったある日、私は放課後、偶然、本館から生物教室のある別館へと通じる薄暗い廊下を歩く先生の後ろ姿を見ることとなりました。確かに遠目にも先生の髪は以前より短くなっていましたが、それでもまだ充分な長さを保っていたので、何となくほっとしたのを覚えています。

ただ、しきりに短くなったうなじのあたりを手で触りながら歩く先生の後ろ姿は、いつもより俯きかげんで、足どりも心なしか寂しげなものだったのもまた確かでした。

誰彼に限らず、自分がこれまで生きてきた様々な時と場所で出会ってきた、愛すべき人々の人生に思いを馳せる時、「みんな、大変だよなぁ」と、思わず溜め息の一つもついてしまいたくなるのは私だけでしょうか?

いつの頃からかわが国の自殺者は毎年三万人を越え続けています。

そしてこの三万人という数は、あくまで自殺に成功した人々の数であり、その周辺ではその何倍、何十倍という人々が、自らの救いを自殺以外に見出せないほどの苦悩に苛まれながら生きていることを意味しています。そのことを思うと、「みんな大変だなぁ」と溜め息をもらす以外、今の自分に出来ることがあるとは思えません。

私はある時期の五年間ほど、週に何度か、志を同じくする仲間たちと共に、各自が各自の事情の中で提供できるもの（例えば、時間や労力やお金といったもの）を出し合って作られた（われわれが食べるものと同じ完全菜食の）お弁当の入った袋を両手に下げて、新宿や渋谷のホームレスの人たち一人一人の段ボールのねぐらへと足を運び、時には終電の時間をにらみながら配っていたことがありました。

そうした経験を積んでいく中で、いつしか普通にスーツを着て駅周辺を歩いている人を見て、直感的にホームレスの人と見抜き、「ボランティアの者ですけど、良かったら、お弁当いかがですか？」とごく自然にお弁当を差し出せるようになりました。そうした時、反射的に「ありがとう」と言って受け取られた一瞬後に、ふと我に返って、「ホームレスだとわかるんですか？」とショックの表情をされた方がいました。「それがわからないようにスーツを着ていたつもりだったのに…」と。

私は、「長年こういうボランティアをやっているので、直感的に分かってしまいました」と言うしかありませんでした。その人はその後、つい最近まで小さな会社の社長だったことを話して下さいました。景気の悪化などが原因で倒産したのだと。

また別のところでは、「ありがとう」という感謝の言葉と共に、「実は、さっきまで自殺する場所を探していたんだけど、なかなか適当なところが見つからなくてねぇ」と言う人と出会ったこともあります。

そんな時に私に出来たことと言えば、「そうですか、見つかりませんでしたか…」と、わけの分からない相槌などを打ち、「しかしまぁ、何をするにも大変ですよね」と口ごもり、何を話していいのか分からないままに、要領を得ない会話をもごもご続けた挙げ句に、「変なこと聞かせてごめんな。でも心配しなくて良いよ。もう少し頑張ってみるから。…お弁当ありがとね」と、逆に相手に気を遣わせて帰ってくることくらいでした。

私はそうした時、そうした苦境を生きている人々に対して、してあげられることの何一つを、かけてあげる言葉の何一つを見出すことが出来ませんでした。そしてそれは恐らく、私が今後どれほど同じ経験を積んだとしても、基本的に変わることがないような気がしています。

なぜなら私は、自分がもしそうした人たちと同じように、唯物論者、無神論として生きる人生のなかで自殺に追い込まれようとしている人間だったとしたらと考えた時、どのような精神的、物質的援助が与えられたとしても、その自殺を思い止まった先に待ち構えている人生の中に、どのような救いも見出すことが出来ないタイプの人間だからです。

それでも、そうした人たちと出会ったり、そうした人たちのことを思ったりする時、常に自らの胸に沸き上がってくる思いと言うものはあります。

…それは、かつて自分自身が、自殺で命を絶とうと考えている人々のことをとても他人事とは思えない苦悩の中で生きていた日々のことであり、そうした日々から救い出してくれたもののことです。


今から一八年を遡るある日、私は、ある神秘的な出来事の複合的な介在の中で、インドにおいて『真理の化身』『ヴェーダの化身』『神の化身（アヴァター）』として崇められている聖者が存在することを知りました。その方の口から語られる教えは甘く、美しく、力強く、私がそれまで「何としてでもその答を知りたい！」と渇望しながらも、「しかしそれは、永遠に知ることの許されないものとして、人類の知的限界の外に隠れ続けるものである」と考え、知ることを諦めていたものすべての答が網羅されているものでした。そして後に、それがヴェーダ及やヴェーダーンタの精髄であることを知りました。

「もしあの日、その方の教えとの出会いがなかったとしたら…」と考えると、私はたぶん今頃、誰にも救いの手を差し伸べるが出来ないほどに深く、暗い、闇の底に向かってより深く、より暗く沈み続けていたような気がします。

しかし、その方の教えと体験は、そんな私を神秘の一触れによって、沈み行く暗黒の世界から、光り輝く世界に向かって飛び立っていくことの出来る《叡知》と《信仰》という両翼を与え、救い出してくれました。

少なくともあの日以来、私の人生が、自らの足下の至る所に口を開けて待つ、暗く救いのない奈落を覗き込みながら生きるようなものから、飛び立つべき光り輝く世界を仰ぎ見ながら生きていけるようなものに変わったのは事実です。

本書は、まだその存在を知らず、それを知らないがためにかつての私と同じように救いのない苦悩や虚無感の中で生きているかもしれない人々に対して、「今のあなたがどれほど辛く悲しく苦しい状況に置かれていたとしても、例えその人生がいかに惨めで報われないものであったとしても、そして、あなたが信じようと信じまいと、あなたが神に愛され、いつの日か神の子として受け取るべきすべてのものを授けられるために人としての命を与えられ、導かれているということは真実なのです」ということを伝えたいと言う思いの中で書き綴られたものです。

例えそれが、成功していたとしても、していなかったとしても。

参考文献

『神と科学』ジャン・ギトン＋クリシュカ・ボクダノフ＋イゴール・ボクダノフ 共著　幸田礼雅 訳
新評論　一九九二年
『大科学論争』　学研　一九九八年
『ホーキング宇宙を語る』　スティーブン・ホーキング 著　林　一 訳　早川書房　一九八九年
『進化論を愉しむ本』　宝島編集部 編　J-CC出版局　一九九〇年
『食物と健康と霊性』　医学博士 小窪正樹 著　サティヤ・サイ出版協会　二〇一〇年
『ギャーナ　ヨーガ』　スワミ・ヴィヴェカーナンダ講演集　日本ヴェーダーンタ協会 訳
宗教法人日本ヴェーダーンタ協会　一九八二年
『ヒンドゥイズム』　スワミ・ニルヴェーダーナンダ著　日本ヴェーダーンタ協会 訳
宗教法人日本ヴェーダーンタ教会　一九八六年
『あるヨギの自叙伝』　パラマハンサ・ヨガナンダ 著　森北出版　S・R・F日本会員訳
一九八七年
『聖なる科学』　スワミ・ユクテスワ 著　森北出版　S・R・F日本会員訳　一九八三年

『ヴェーダ』　サティヤ・サイ・ババ　著　小栗知加子　訳　サティヤサイ出版協会　二〇〇五年
『神問神答』　サティヤ・サイ・ババ　著　小栗知加子　訳　サティヤサイ出版協会　二〇〇七年

村山泰弘（むらやま・やすひろ）

1955年　熊本生まれ。　ヒンドゥ教方式の完全菜食主義者（肉、魚、卵、及びそのエキスの入った物を一切飲食しないが、ヒンドゥ教においては牛が神聖な生き物とされるため、牛が提供する乳製品は神からの贈り物として若干飲食するヴェジタリアン）。ヒンドゥ教の聖典ヴェーダやヴェーダーンタの教えに出会って以降、その教えに則り、ギャーナ（直訳すると叡知）ヨーガ、バクティ（神への愛）ヨーガ、カルマ（行為）ヨーガの実践の中に生きる。

科学《かがく》の中《なか》の宗教《しゅうきょう》・宗教《しゅうきょう》の中《なか》の科学《かがく》
誰《だれ》でも知《し》っているような話《はなし》の先《さき》にある、誰《だれ》も知《し》らない話《はなし》

著者　村山泰弘《むらやまやすひろ》

発行日　2013年10月7日　第1刷発行

発行者　田辺修三
発行所　東洋出版株式会社
〒112-0014　東京都文京区関口1-23-6
電話　03-5261-1004（代）
振替　00110-2-175030
http://www.toyo-shuppan.com/

印刷　日本ハイコム株式会社
製本　ダンクセキ株式会社

ISBN 978-4-8096-7709-0
定価はカバーに表示してあります

ISO14001 取得工場で印刷しました